PONTIFICADO
DO PAPA FRANCISCO

Pe. Washington da Silva Paranhos, SJ
Pe. Renato Quezini
(orgs.)

PONTIFICADO
DO PAPA FRANCISCO
uma análise global

Dados Internacionais de Catalogação na Publicação (CIP)
(Câmara Brasileira do Livro, SP, Brasil)

Pontificado do Papa Francisco : uma análise global / organização Pe. Washington da Silva Paranhos, Pe. Renato Quezini. -- São Paulo : Edições Loyola, 2024. -- (Eclesiologia)

Vários autores
ISBN 978-65-5504-364-8

1. Cristianismo 2. Francisco, Papa, 1936- 3. Igreja Católica 4. Papado I. Paranhos, Washington da Silva. II. Quezini, Renato. III. Série.

24-212420   CDD-262.1309

Índices para catálogo sistemático:
1. Papas : História : Eclesiologia : Cristianismo   262.1309
Eliane de Freitas Leite - Bibliotecária - CRB 8/8415

Preparação: Mônica Glasser
Capa: Ronaldo Hideo Inoue
Papa Francisco na 36ª Congregação Geral (GC36) da Companhia de Jesus, outubro de 2016. Jesuit.Media © 2024 by Curia Generalizia della Compagnia di Gesù. Contribuição de Stefano Maero, © Society of Jesus. Composição sobre ilustração (editada) de © Vjom. © Adobe Stock. Na contracapa, fachada principal da Basílica de São Pedro (Vaticano) à noite, detalhe da foto de © andreyspb21. © Adobe Stock.
Diagramação: Sowai Tam
Conselho Editorial
Ceci Maria Costa Baptista Mariani (PUC-CAMP, Brasil)
Danilo Mondoni (PUG, Roma)
Élio Gasda (Univ. Comillas, Madrid)
Gabriel Frade (FAU-USP, Brasil)
Mário de França Miranda (PUG, Roma)
Raniéri Araújo Gonçalves (Loyola Univ., Chicago)

CAPES (PROEX) – Coordenação de Aperfeiçoamento de Pessoal de Nível Superior

FAJE – Faculdade Jesuíta de Filosofia e Teologia
Av. Dr. Cristiano Guimarães, 2127 – Planalto
31720-300 Belo Horizonte, MG

Edições Loyola Jesuítas
Rua 1822 nº 341 – Ipiranga
04216-000 São Paulo, SP
T 55 11 3385 8500/8501, 2063 4275
editorial@loyola.com.br
vendas@loyola.com.br
www.loyola.com.br

Todos os direitos reservados. Nenhuma parte desta obra pode ser reproduzida ou transmitida por qualquer forma e/ou quaisquer meios (eletrônico ou mecânico, incluindo fotocópia e gravação) ou arquivada em qualquer sistema ou banco de dados sem permissão escrita da Editora.

ISBN 978-65-5504-364-8

© EDIÇÕES LOYOLA, São Paulo, Brasil, 2024

Sumário

7 **Siglas e abreviaturas**

9 **Introdução**

Capítulo 1
11 **O Papa Francisco e a liturgia**
Washington da Silva Paranhos, SJ

Capítulo 2
41 **"Uma Igreja pobre e para os pobres".**
A Igreja no magistério do Papa Francisco
Sinivaldo S. Tavares, OFM

Capítulo 3
55 **Papa Francisco e a internet:**
lucidez e esperança na analise do mundo digital
Pe. Marlone Pedrosa

Capítulo 4
75 **Mundanismo espiritual:**
o alerta do Papa Francisco à Igreja de hoje
Pe. Calmon Rodovalho Malta, CMF

Capítulo 5
93 O Papa Francisco e a catequese mistagógica
Ediana de Souza Soares

Capítulo 6
107 O papado de Francisco e a era da sinodalidade: uma nova dinâmica na Igreja
Pe. Eduardo Batista da Silva

Capítulo 7
123 Recepção do estilo do Vaticano II na educação cristã: caminho de superação dos desafios segundo o Papa Francisco
Leila Maria Orlandi Ribeiro

Capítulo 8
137 A influência da Teologia do Povo sobre o magistério do Papa Francisco
Pe. Irineu Claudino Sales

Capítulo 9
151 A urgência da mensagem do Papa Francisco na *Laudato Si'*: construir um mundo melhor juntos!
Pe. Renato Quezini

Capítulo 10
165 Recuperar a historicidade da espiritualidade cristã: interfaces entre a Teologia da Libertação e o Papa Francisco
Pe. Francisco Thallys Rodrigues

177 Os dez anos do pontificado de Francisco

191 Apresentação dos autores

193 Índice remissivo

Siglas e abreviaturas

AL	Exortação Apostólica Pós-Sinodal sobre a Família, *Amoris Lætitia*
CEBs	Comunidades Eclesiais de Base
CIC	Catecismo da Igreja Católica
CR	Documento Catequese Renovada
CV	Exortação Apostólica Pós-Sinodal *Christus Vivit*
DAp	Documento de Aparecida
DC	Diretório para a Catequese
DD	Carta Apostólica *Desiderio Desideravi*
DP	Documento Preparatório do Sínodo
DGC	Diretório Geral para a Catequese
DSI	Doutrina Social da Igreja
DV	Constituição Dogmática *Dei Verbum*
EG	Exortação Apostólica *Evangelii Gaudium*
EN	Exortação Apostólica Pós-Sinodal *Evangelii Nuntiandi*
FAO	Organização das Nações Unidas para a Agricultura e Alimentação
FD	Constituição Apostólica *Fidei Depositum*
GEx	Exortação Apostólica *Gaudete et Exsultate*

GME	*Gaudet Mater Ecclesia*
GS	Constituição Pastoral *Gaudium et Spes*
IM	Decreto *Inter Mirifica*
IOR	Instituto para as Obras de Religião
LG	Constituição Dogmática *Lumen Gentium*
LS	Encíclica *Laudato Si'*
Pnad	Pesquisa Nacional por Amostra de Domicílios
PO	Decreto *Presbyterorum Ordinis*
QA	Exortação Apostólica Pós-Sinodal Querida Amazônia
RICA	Ritual da Iniciação Cristã de Adultos
SC	Constituição *Sacrosanctum Concilium* sobre a Sagrada Liturgia
SRS	Carta Encíclica *Sollicitudo Rei Socialis*
TdL	Teologia da Libertação
UNICEF	Fundo Internacional de Emergência das Nações Unidas para a Infância
VG	Constituição Apostólica *Veritatis Gaudium*

Introdução

No dia 13 de março de 2023, recordamos com gratidão a Deus os dez anos da feliz escolha do cardeal de Buenos Aires, Jorge Mario Bergoglio, como bispo de Roma, assim como ele mesmo se apresentou. O primeiro papa da história a escolher o nome de Francisco. Sua primeira aparição, tão despojada, já nos conectava com a história do Irmão Universal.

Na sua primeira saudação, realizada na sacada central da Basílica de São Pedro, em meio aos olhares de uma multidão de fiéis desejosos e esperançosos por conhecer o novo papa, eis que já nos "roubava o coração" pedindo a todos que rezassem por ele: "E agora quero dar a bênção, mas antes... antes, peço-vos um favor: antes de o bispo abençoar o povo, peço-vos que rezeis ao Senhor para que abençoe a mim; é a oração do povo, pedindo a bênção para o seu bispo. Façamos em silêncio esta oração vossa por mim".

Ainda sobre sua primeira mensagem, ele já ressaltava que: "[...] agora iniciamos este caminho, bispo e povo... este caminho da Igreja de Roma, que é aquela que preside a todas as Igrejas na caridade. Um caminho de fraternidade, de amor, de confiança entre nós. Rezemos sempre uns pelos outros. Rezemos por todo o mundo, para que haja uma grande fraternidade".

Nestes dez anos de Pontificado do Papa Francisco presidindo a Igreja na caridade, quanta coisa aconteceu! E ele se tornou, sim, uma das personalidades mais notáveis do século XXI, agregando a simpatia de tantos, seja dos cristãos, seja de irmãos e irmãs de outras denominações religiosas, que por meio do seu "testemunho" o veem como um grande líder universal.

Francisco é o papa filho do Concílio Vaticano II e da renovação eclesial, que com ele teve início. Vendo os seus gestos, lendo os seus documentos e escutando as suas intervenções, transparece uma visão de Igreja profundamente enraizada nas perspectivas abertas pelo Vaticano II, pela rica teologia que o precedeu e por aquela que se seguiu. Com Francisco, o Concílio entra em uma nova etapa de recepção.

Muitos foram os documentos, a saber: cartas encíclicas, exortações apostólicas, decretos, *motu proprio* e mensagens, escritos por Francisco nestes dez anos de pontificado, abarcando os mais diversos assuntos, tanto em nível *ad intra* da Igreja como *ad extra*. O Grupo de Pesquisa: A Recepção da Reforma Litúrgica e o Debate Litúrgico-Sacramental procurou refletir durante este ano comemorativo sobre vários ângulos e aspectos dos gestos e das palavras do Papa Bergoglio. Todos os meses, a partir do mês de março, era proposta uma reflexão e, com base nas colocações extraídas daí, organizamos a presente obra. Nosso intuito neste livro, elaborado em mutirão por estudantes e professores da FAJE e da PUC-RJ, é abordar a grande pertinência do pensamento do Papa Francisco nos mais diversos assuntos que aqui serão desenvolvidos: liturgia, eclesiologia, sinodalidade, catequese, educação, meios de comunicação, Teologia da Libertação, Teologia do Povo, ecologia integral e mundanismo espiritual.

Boa leitura!

Os organizadores

Capítulo 1

O Papa Francisco e a liturgia

Washington da Silva Paranhos, SJ

Introdução

A contribuição que o Papa Francisco tem dado à vida litúrgica da Igreja nestes dez anos de pontificado caminha em uma linha muito clara: fidelidade ao ensinamento do Concílio e plena continuidade dos princípios fundamentais da renovação litúrgica. Poucos meses após sua eleição, em entrevista à revista *La Civiltà Cattolica*, o Papa Francisco não deixou de lembrar os efeitos positivos do Vaticano II, observando: "Os frutos são enormes. Basta recordar a liturgia. O trabalho da reforma litúrgica foi um serviço ao povo como uma releitura do Evangelho a partir de uma situação histórica concreta". Para a vida da Igreja como um todo, Francisco mostrou desde o início que quer caminhar resolutamente no sulco traçado pelo Concílio.

É importante recordar que, em 2013, a Igreja vivia um tempo de sofrimento e fortes tensões na área da liturgia. Criou-se um clima de desconfiança e, por vezes, de descrédito dos princípios básicos da reforma litúrgica e dos resultados obtidos. O *motu proprio* "*Summorum Pontificum*", de julho de 2007, com o qual Bento XVI "liberalizou" o *Ordo Missae* de Pio V, na forma atualizada do Missal de 1962, foi explorado por alguns a ponto de brandi-lo como uma bandeira contra o Missal de Paulo VI e toda a renovação litúrgica. Houve, inclusive, um apelo insistente por uma "reforma da reforma".

A eleição de Jorge Mario Bergoglio como bispo de Roma contribuiu decisivamente para dissipar as nuvens de suspeita contra o Vaticano II e sua reforma litúrgica. Desde o dia de sua eleição, o estilo pessoal de Francisco, marcado por sobriedade e simplicidade, influenciou imediatamente as liturgias papais a que presidiu, trazendo-as de volta àquela "nobre simplicidade" desejada pelo Concílio. A maneira absorta e a postura grave com que o Francisco litúrgico preside as celebrações revelam a sua consciência de que a liturgia é a fonte espiritual da vida de cada crente e de toda a Igreja. Uma consciência que emerge também da verdadeira catequese litúrgica que em vários momentos, durante as audiências gerais de quarta-feira, o papa dedica à celebração eucarística e depois aos sacramentos.

Nas suas homilias e discursos públicos, Francisco recorda repetidamente a ligação entre o culto e a justiça, entre a Eucaristia e o serviço ao irmão, entre os pobres e a liturgia. No encontro com o clero ambrosiano, durante a sua visita pastoral a Milão, em 25 de março de 2017, recordou que "não há serviço no altar, não há liturgia que não esteja aberta ao serviço aos pobres e não há serviço aos pobres que não conduza à liturgia".

Foi justamente a partir de 2017 que o Papa Francisco deu à Igreja o seu maior magistério litúrgico. No seu discurso de 24 de agosto aos participantes da Semana Litúrgica Nacional do Centro de Ação Litúrgica, Francisco refez o longo caminho de renovação litúrgica que começou com São Pio X e culminou com o Concílio, recordando que

> não se trata de reconsiderar a reforma revendo as suas escolhas, mas de conhecer melhor as razões subjacentes, inclusive por meio da documentação histórica, assim como de interiorizar os seus princípios inspiradores e de observar a disciplina que

a regula. Depois deste magistério e após este longo caminho, podemos afirmar com certeza e com autoridade magistral que a reforma litúrgica é irreversível[1].

Poucos dias depois, em 9 de setembro, com o *motu proprio* "*Magnum Principium*", o Papa Francisco modificou a disciplina canônica relativa à tradução de livros litúrgicos, devolvendo às Conferências Episcopais a autoridade de aprovar traduções de livros litúrgicos, conforme havia sido estabelecido pelo Concílio. Com essa decisão, o papa suprime os artigos mais controversos da instrução sobre a tradução de textos litúrgicos *Liturgiam Authenticam*, que desde 2001 levava a fortes tensões, entre a Congregação para o Culto Divino e as Conferências Episcopais, sobre a aprovação da tradução do Missal.

Francisco reforçou, desse modo, a responsabilidade dos episcopados nas questões litúrgicas, dando-lhes a tarefa de tomar as decisões certas para uma liturgia a serviço do povo de Deus. As Conferências Episcopais têm agora o dever de aproveitar plenamente a grande oportunidade oferecida por Francisco, conscientes de que a renovação da Igreja indicada pelo papa na *Evangelii Gaudium* passa necessariamente também por uma renovação da liturgia. Isso significa não desperdiçar a oportunidade com escolhas tímidas, ajustes improvisados e decisões precipitadas, mas dedicar tempo para ouvir as necessidades, dificuldades e expectativas que o povo de Deus tem em relação à liturgia.

Caso contrário, as imensas e ainda inexploradas repercussões da *Evangelii Gaudium* sobre a concreta vida litúrgica das comunidades

---

[1]. FRANCISCO, Papa, *Discurso aos participantes na 68ª Semana Litúrgica Nacional*, 24 de agosto de 2017, disponível em: https://www.vatican.va/content/francesco/pt/speeches/2017/august/documents/papa-francesco_20170824_settimana-liturgica-nazionale.html, acesso em: 05 set. 2023.

cristãs correrão o risco de permanecer como uma oportunidade perdida. A força evangélica que orienta o ministério petrino de Francisco há dez anos nos mostra que a liturgia que nos foi confiada pelo Concílio não é uma cidadela a ser defendida, mas um campo que pede de novo que seja lavrado e semeado para que continue a dar frutos hoje e amanhã.

O magistério do Papa Francisco no campo litúrgico é bastante rico e variado, feito de intervenções em diversos níveis. O capítulo oferece um resumo dos atos mais importantes do magistério litúrgico do papa, anteriores a *Desiderio Desideravi* e também a partir da Carta Apostólica[2], fornecendo algumas chaves interpretativas.

1 A visão litúrgica de Francisco

Não é preciso ser um gênio para entender que o Papa Francisco não é um liturgista como muitos viam o Papa Bento XVI[3]. Mas o receio de que o pontificado de Francisco poderia marcar o fim da ideia da "reforma da reforma" é confirmado a partir dos gestos, porém, em relação ao avanço das mudanças litúrgicas introduzidas após o Vaticano II, é, francamente, um pouco infundado. E podemos explicar o porquê.

Embora seus gestos litúrgicos como papa inicialmente não tenham sido tão evidentes, seu episcopado na Arquidiocese de Buenos Aires manifestou toda a sua segurança no campo litúrgico. Em

---

2. FRANCISCO, Papa, *Carta Apostólica* Desiderio Desideravi. *Sobre a formação litúrgica do Povo de Deus*, disponível em: https://www.vatican.va/content/francesco/pt/apost_letters/documents/20220629-lettera-ap-desiderio-desideravi.html, acesso em: 05 jun. 2023.
3. Para aprofundar este ponto, sugerimos: PARANHOS, Washington da Silva, As interpelações do Papa Francisco para a liturgia de hoje, in: PARO, Thiago Faccini (org.), *Atualização litúrgica 2*, São Paulo, Paulus/Associação dos Liturgistas do Brasil, 2020.

Buenos Aires, o cardeal Bergoglio não demonstrou um interesse significativo pela forma extraordinária do rito, mas, ao mesmo tempo, não resistiu a ela. Implementando as indicações do *Summorum Pontificum*, prontamente disponibilizou a tradicional missa. De fato, Buenos Aires era provavelmente a cidade latino-americana com o maior número de missas celebradas de acordo com a forma extraordinária. Seu interesse não excessivo, no entanto, não significava hostilidade ou indiferença, mas sim sua determinação para uma tarefa muito mais difícil: garantir que todos os fiéis de sua Arquidiocese pudessem ter acesso a uma missa digna. Explico: na América Latina, há certamente belas e escrupulosas celebrações de missas associadas às mais importantes devoções populares, mas também há muitos abusos litúrgicos que constituem um enorme problema na região. Os esforços de reforma do cardeal Bergoglio em Buenos Aires não visavam exclusivamente à liturgia, mas a reforma da vida sacramental e sacerdotal em geral.

Uma das transformações mais importantes e bem-sucedidas na Arquidiocese, com impacto significativo na liturgia, foi a dos *curas villeros*. "Villa miséria" (cidade da miséria) é o nome que os argentinos dão às favelas das grandes cidades. Os *curas villeros* (padres das favelas) eram aqueles que exerciam o ministério pastoral nessas áreas urbanas pobres e muitas vezes violentas. Embora cheios de zelo pastoral, muitos deles se identificaram com a Teologia do Povo, inserindo as ideias dessa corrente teológica no cristianismo como um meio indispensável de compreender e enfrentar a injustiça social. E, em geral, tinham uma atitude rebelde em relação à autoridade, incluindo rubricas litúrgicas.

Em entrevista para um livro escrito por Alejandro Bermúdez sobre o Papa Francisco e seus irmãos jesuítas argentinos, o padre jesuíta Ignacio Perez del Viso, que foi professor de Jorge Bergoglio, explicou que, como arcebispo de Buenos Aires, ele mudou completamente a dinâmica de vida dos padres que serviam nas vilas: "Nos anos 1970, segundo ele, muitos bispos estavam em constante tensão com os padres de Villero e, de tempos em tempos, alguns deles eram transferidos ou removidos. [...] Durante os anos 1990, os bispos toleraram-nos [...], mas Bergoglio, que acaba de se tornar bispo auxiliar de Buenos Aires, mudou tudo"[4].

Mas como ele conseguiu isso? Abraçando os padres e seu ministério. Visitou-os nas favelas, mandou-os descansar quando estavam cansados e substituiu-os ele mesmo na paróquia por alguns dias. Ele cuidava pessoalmente dos padres quando adoeciam – essencialmente, ele levava as necessidades deles a sério. A única vez que ele tirou um padre de uma favela foi para protegê-lo de um traficante local que lhe enviou ameaças de morte.

Com a mesma solicitude paterna, o arcebispo pediu aos seus sacerdotes que voltassem a usar o hábito eclesiástico; deixar de usar, para a celebração da missa, a "batata" (batata-doce argentina) em vez do pão ázimo; e usar canções litúrgicas católicas aprovadas, em vez de canções políticas ou seculares. Com seus sacerdotes, ele usou a persuasão para eliminar os abusos litúrgicos, mas, de acordo com um de seus confrades jesuítas, "nunca recuou quando sanções severas eram necessárias".

Com o avanço da secularização e com a adoção de critérios de seleção mais rígidos para as vocações sacerdotais, o número de seminaristas diminuiu durante os anos do episcopado do cardeal Bergoglio. Mas tanto amigos quanto inimigos concordam que a qualidade das celebrações e pregações melhorou excepcionalmente na Arquidiocese.

Os preciosos gestos litúrgicos tradicionais da missa são altamente edificantes, relata um católico argentino. Ter a sorte de viver em uma diocese ou paróquia que conte com a presença de um

---

4. BERMÚDEZ, Alejandro, *Pope Francis. Our Brother, our Friend*, San Francisco, Ignatius Press, 2013. BERMÚDEZ, Alejandro, *Francisco, nuestro hermano amigo*, Madrid, Ediciones Cristiandad, 2014.

especialista em teologia litúrgica e frequentar uma paróquia que forneça esses tesouros é o sonho de muitos. Mas o número de católicos que vivem sob a tirania litúrgica de padres bem-intencionados, que acreditam que a missa pertence a eles e não ao Senhor, é muito alto na América Latina e em todo o mundo.

Em muitas regiões, ainda é uma revolução em curso devolver aos fiéis o direito de participar de uma missa que transmita a experiência de ser o ápice da vida cristã de forma plena. A visão da liturgia, segundo o Papa Francisco, como parte crucial da conversão pessoal, juntamente com sua experiência pessoal em Buenos Aires, deve ser fonte de esperança e não de suspeita. Essa tarefa é gigantesca, mas vamos dar-lhe tempo.

1.1 Primeiros acenos

Educado na escola jesuítica, notoriamente sóbria em matéria litúrgica, o Papa Francisco não se esquivou da tarefa de dar indicações claras e de tomar posição. Dos seus pronunciamentos e do seu exemplo como celebrante, destaca-se a visão da liturgia ligada ao "povo santo de Deus". Esta expressão – familiar nos seus discursos – refere-se ao fato de o povo ser santo porque é santificado, e, como sabemos, a santificação flui da celebração dos santos mistérios. A característica do ensinamento litúrgico de Francisco é bem iluminada pelo ditado que diz que "a Igreja faz a liturgia e a liturgia faz a Igreja". Fora dessa abordagem, alerta ele, as coisas começam a ficar problemáticas.

Destacamos aqui, cronologicamente, alguns pronunciamentos significativos, de alcance diverso, anteriores à Carta Apostólica *Desiderio Desideravi* (29 de junho de 2022), mas também aspectos da própria Carta Apostólica. A esperança é motivar o leitor a ler diretamente os documentos do papa.

O hoje Papa Francisco contempla a liturgia em estreita relação com a evangelização e com as necessidades concretas de homens e mulheres neste momento histórico. Nas próximas linhas tentaremos apresentar suscintamente essa sua visão no seu magistério petrino.

Em sua primeira Exortação Apostólica, *Evangelii Gaudium*, também considerada o documento programático do seu pontificado, Francisco se expressa nos seguintes termos:

> [...] a comunidade evangelizadora jubilosa sabe sempre "festejar": celebra e festeja cada pequena vitória, cada passo em frente à evangelização. No meio dessa exigência diária de fazer avançar o bem, a evangelização jubilosa torna-se beleza na liturgia. A Igreja evangeliza e se evangeliza com a beleza da liturgia, que é também celebração da atividade evangelizadora e fonte de um renovado impulso para se dar (EG, n. 24).

E um pouco mais adiante afirma:

> [...]. Em alguns, há um cuidado exibicionista da liturgia, da doutrina e do prestígio da Igreja, mas não se preocupam que o Evangelho adquira uma real inserção no povo fiel de Deus e nas necessidades concretas da história. Assim, a vida da Igreja transforma-se em uma peça de museu ou em uma possessão de poucos [...] (EG, n. 95).

A Exortação Apostólica *Gaudete et Exsultate*, sobre o chamado à santidade no mundo atual, quando o Papa fala do culto que mais agrada a Deus, afirma:

> [...] A oração é preciosa, se alimenta uma doação diária de amor. O nosso culto agrada a Deus, quando levamos lá os propósitos de viver com generosidade e quando deixamos que o dom lá recebido se manifeste na dedicação aos irmãos (GEx, n. 104).

Nas homilias das missas celebradas cotidianamente na capela Santa Marta, o Papa Francisco põe em prática a recomendação da *Sacrosanctum Concilium* número 52, e também aquilo que ele mesmo escreveu em *Evangelii Gaudium* sobre a homilia (n. 135-175). A homilia é a pedra de toque para avaliar a proximidade e a capacidade de encontro de um pastor com seu povo. Deve ser considerada no contexto litúrgico, como parte da mesma celebração e no contexto da evangelização. Deve alimentar-se da Palavra de Deus, pois toda a evangelização está fundada sobre ela. O estilo da homilia deve ser familiar, maternal, com palavras que façam arder os corações e iluminem o caminho de fé da comunidade eclesial.

> Não é só a homilia que se deve alimentar da Palavra de Deus. Toda a evangelização está fundada sobre esta Palavra escutada, meditada, vivida, celebrada e testemunhada. A Sagrada Escritura é fonte da evangelização. Por isso, é preciso formar-se continuamente na escuta da Palavra. A Igreja não evangeliza, se não se deixa continuamente evangelizar. É indispensável que a Palavra de Deus "se torne cada vez mais o coração de toda a atividade eclesial". A Palavra de Deus ouvida e celebrada, sobretudo na Eucaristia, alimenta e reforça interiormente os cristãos e torna-os capazes de um autêntico testemunho evangélico na vida diária. Superamos já a velha contraposição entre Palavra e Sacramento: a Palavra proclamada, viva e eficaz, prepara a recepção do Sacramento e, no Sacramento, essa Palavra alcança a sua máxima eficácia (EG, n. 174).

Alguns meses após a sua eleição, Francisco foi entrevistado pelo padre Antonio Spadaro, na época diretor de *La Civiltà Cattolica*. Dessa entrevista nos interessa destacar o seguinte ponto:

> O Vaticano II foi uma releitura do Evangelho à luz da cultura contemporânea. Produziu um movimento de renovação que vem simplesmente do próprio Evangelho. Os frutos são enormes. Basta recordar a liturgia. O trabalho da reforma litúrgica foi um serviço ao povo como releitura do Evangelho a partir de uma situação histórica concreta. Sim, existem linhas de hermenêutica de continuidade e de descontinuidade. Todavia,

uma coisa é clara: a dinâmica de leitura do Evangelho no hoje, que é própria do Concílio, é absolutamente irreversível. Depois existem questões particulares, como a liturgia segundo o *Vetus Ordo*. Penso que a escolha do Papa Bento XVI foi prudente, ligada à ajuda a algumas pessoas que têm essa sensibilidade particular. Considero, no entanto, preocupante o risco de ideologização do *Vetus Ordo*, a sua instrumentalização.

Notemos a referência à dinâmica de leitura do Evangelho atualizado para hoje, próprio do Concílio Vaticano II, absolutamente irreversível, e a reforma litúrgica como um dos seus frutos. Referências constantes no magistério do Papa Bergoglio.

Do dia 8 de novembro de 2017 ao dia 4 de abril de 2018, nas audiências gerais realizadas às quartas-feiras, o papa ofereceu uma série de catequeses sobre a missa. Foram quinze encontros, nos quais Francisco explicou, com um estilo simples e profundo ao mesmo tempo, o significado da Eucaristia e das diversas partes da celebração. Ele mesmo disse na primeira catequese:

> O Concílio Vaticano II foi fortemente animado pelo desejo de levar os cristãos a compreender a grandeza da fé e a beleza do encontro com Cristo. Por este motivo era necessário antes de tudo realizar, com a ajuda do Espírito Santo, uma adequada renovação da liturgia, porque a Igreja vive continuamente dela e renova-se graças a ela.
> Um tema central que os Padres conciliares frisaram foi a formação litúrgica dos fiéis, indispensável para uma verdadeira renovação. E é precisamente essa também a finalidade deste ciclo de catequeses que hoje iniciamos: crescer no conhecimento do grande dom que Deus nos concedeu na Eucaristia[5].

---

5. FRANCISCO, Papa, *Audiência Geral*, quarta-feira, 8 de novembro de 2017, disponível em: https://www.vatican.va/content/francesco/pt/audiences/

Trata-se de catequeses que nos recordam o estilo das catequeses mistagógicas dos padres da Igreja, tal como o entende o Catecismo da Igreja Católica: "A catequese litúrgica tem em vista introduzir no mistério de Cristo (ela é 'mistagógica'), procedendo do visível para o invisível, do significante para o significado, dos 'sacramentos' para os 'mistérios'" (CIC, n. 1075).

Fiéis a este estilo, as breves catequeses citam frequentemente a Bíblia, sobretudo o Novo Testamento, a Constituição *Sacrosanctum Concilium*, a Instrução Geral ao Missal Romano, os textos e orações do mesmo Missal Romano e o Catecismo da Igreja Católica. Com essa iniciativa, o Papa Francisco deu um exemplo concreto aos pastores que, como disse a Constituição sobre a Sagrada Liturgia, devem "fomentar com persistência e zelo a educação litúrgica e a participação ativa dos fiéis" (SC, n. 19).

1.2 A irreversibilidade da reforma litúrgica do Concílio Vaticano II

É muito comum escutarmos o padre repetir muitas vezes em sua homilia, nas igrejas na América Latina, um conceito que nunca ouvimos proclamado do púlpito na Europa: "Eu presido a missa, mas a celebramos todos juntos". Esta afirmação nos veio à mente quando o papa, dirigindo-se a estudiosos italianos sobre o assunto, disse que a liturgia é popular, e não clerical, e que sua reforma, decidida pelo Concílio, é irreversível.

A Constituição sobre a liturgia *Sacrosanctum Concilium* foi o primeiro documento emanado do Concílio Vaticano II, e também a constituição que obteve o maior consenso: sua redação foi fortemente influenciada pelos observadores das outras igrejas cristãs, e isso

---

2017/documents/papa-francesco_20171108_udienza-generale.html, acesso em: 03 set. 2023.

constituiu um primeiro exemplo concreto da tendência à unidade dos cristãos.

De fato, quase todos os padres que foram a Roma olharam para o uso litúrgico das línguas ditas "vulgares", que sempre foram adotadas pelas igrejas da reforma, como um exemplo positivo. O próprio cânon da missa, por outro lado, havia mudado muitas vezes ao longo da história da Igreja. O argumento "teológico", segundo o qual a transubstanciação não poderia ocorrer se o celebrante pronunciasse a fórmula em um idioma diferente do latim, era francamente ridículo, mas, ainda hoje, muitos creem nesta concepção.

Após o Concílio, a reforma litúrgica constituiu essencialmente um dos dois resultados daquela Assembleia que permaneceram em vigor; o outro foi a aceitação do princípio da liberdade de pensamento, uma questão sobre a qual a Igreja Católica e o Estado liberal se opuseram desde a promulgação do *Syllabus Errorum* de Pio IX[6].

Por outro lado, quanto à atribuição de maiores poderes aos bispos, isto é, a introdução do princípio da colegialidade no governo da Igreja, após o Concílio foi possível experimentar algo nessa direção, mas depois se retomou a tendência milenar de centralizá-los na Cúria de Roma; essa direção durou até a eleição de Bergoglio, que está restaurando a situação que existia até o Edito de Constantino, quando em Roma residia apenas o seu bispo.

Isso explica por que o embate com os tradicionalistas se concentrou justamente em uma questão aparentemente secundária, que é a liturgia: se vários como monsenhor Lefèvre, padre Lanzetta e

---

6. O *Sílabo dos Erros de Nossa Época* é uma carta encíclica promulgada em 1864 pelo Papa Pio IX, que contém oitenta pontos sobre o liberalismo cultural e religioso, considerados pela autoridade da Igreja incompatíveis com os valores católicos. Foi publicado como apêndice da encíclica *Quanta Cura*. Veja em: Pio IX, Papa, *Litterae Apostolicae Quanta Cura*, disponível em: https://www.vatican.va/content/pius-ix/la/documents/encyclica-quanta-cura-8-decembris-1864.html, acesso em: 03 set. 2023.

professor Demattei tivessem conseguido obter a revogação da relativa reforma, eles poderiam ter considerado todo o Magistério Conciliar implicitamente invalidado, e isso constituía seu verdadeiro objetivo; e, de fato, foi justamente na questão da missa "tridentina" que o cisma foi formalmente consumado.

O ataque à celebração eucarística no vernáculo alcançou um importante sucesso tático quando Ratzinger liberalizou a missa em latim, mas não se transformou na vitória estratégica esperada pelos tradicionalistas, já que os fiéis reunidos na liturgia "tridentina" eram em toda parte uma pequena – e também polêmica – minoria. Esse setor, no entanto, qualificava-se como muito feroz e compacto, a ponto de constituir "de fato", em muitos lugares, uma nova Igreja cismática, oscilando entre a obediência formal à Santa Sé e a obediência substancial à *Écône*. Isso aconteceu especialmente onde os bispos favoreceram abertamente os apoiadores do *Vetus Ordo*, a ponto de o papa ter de proceder à remoção do recalcitrante Ordinário.

A ofensiva dos tradicionalistas sobre a liturgia pode agora ser considerada definitivamente rejeitada: graças à firme posição do papa, os seguidores dessa tendência são forçados a escolher entre a adesão formal ao cisma de Lefèvre e a aceitação do "estatuto" de minoria tolerado dentro da Igreja; mas devem aceitar plenamente o Magistério, tanto pontifício como conciliar.

Se o povo, com a sua tradição religiosa e a sua memória coletiva, é detentor do *depositum fidei*, não pode ser excluído da celebração eucarística, que constitui o próprio fulcro do cristianismo. Aqueles que pretendem restaurar a separação e, portanto, a suposta superioridade do clero, contrastando-os com os fiéis também do ponto de vista da expressão linguística, não podem encontrar lugar na Igreja reformada do Papa Francisco.

Acreditamos que o momento culminante do magistério litúrgico do Papa Francisco foi seu discurso aos participantes da 68ª Semana Litúrgica Nacional da Itália, em 24 de agosto de 2017. Não se tratou de um discurso de circunstâncias, mas sim de uma importante intervenção nítida e articulada sobre a liturgia no momento atual.

Segundo o papa, a reforma de Paulo VI não foi improvisada, mas largamente preparada, cujos princípios e instituições fundamentais devem ser considerados "irreversíveis":

> E hoje ainda é preciso trabalhar neste sentido, em particular redescobrindo os motivos das decisões tomadas com a reforma litúrgica, superando leituras infundadas e superficiais, recepções parciais e práticas que a desfiguram. Não se trata de reconsiderar a reforma revendo as suas escolhas, mas de conhecer melhor as razões subjacentes, inclusive por meio da documentação histórica, assim como de interiorizar os seus princípios inspiradores e de observar a disciplina que a regula. Depois deste magistério e, após este longo caminho podemos afirmar com certeza e com autoridade magistral que a reforma litúrgica é irreversível[7].

Nesse contexto, Francisco convida a revalorizar a linguagem ritual da celebração (palavras, gestos, silêncio), sem acrescentar comentários inúteis: a ação litúrgica, quando é executada corretamente, fala e comunica por si mesma. "Entre os sinais visíveis do Mistério invisível está o altar, sinal de Cristo pedra viva". O altar é o centro para o qual "se orienta o olhar dos orantes, sacerdotes e fiéis, convocados para a santa assembleia em volta do mesmo". O longo parágrafo, dedicado à centralidade do altar, parece uma resposta ao debate atual sobre a orientação *ad orientem* ou *versus dominum*. Retomando o que ele mesmo havia dito em 18 de junho de 2017, na homilia da Solenidade do Santíssimo Corpo e Sangue de Cristo, na ocasião

---

7. FRANCISCO, Papa, *Discurso aos participantes na 68ª Semana Litúrgica Nacional*, 24 de agosto de 2017, disponível em: https://www.vatican.va/content/francesco/pt/speeches/2017/august/documents/papa-francesco_20170824_settimana-liturgica-nazionale.html, acesso em: 05 jul. 2023.

ele afirmou: "A Eucaristia não é um sacramento 'para mim', é o sacramento de muitos que formam um só corpo, o santo povo fiel de Deus"[8]. E acrescenta que, pela mesma razão, não devemos esquecer que a liturgia exprime sobretudo a *pietas* de todo o povo de Deus. Alguns ficaram maravilhados com o fato de o Papa não ter condenado com mais vigor os abusos que não raras vezes se verificam nas celebrações litúrgicas. Certamente os abusos devem ser denunciados, e o papa o fez, quando falou em seu discurso de "'recepções parciais' da reforma litúrgica e de práxis que a desfiguram". Porém Bergoglio preferiu falar sobretudo do "bom uso" da reforma e não tanto do mal uso da mesma.

2 Mudanças e objetivos da reforma litúrgica do Papa Francisco

Duas pequenas alterações ao Código de Direito Canônico que alteram os métodos de revisão e aprovação das traduções para o vernáculo dos textos litúrgicos. A variação de duas regras, parágrafos 2 e 3 do Cânon 838, afirmadas pelo Papa Francisco na carta apostólica na forma de *motu proprio* "*Magnum Principium*", que levou ao fato de que as versões postas em prática pelas Conferências Episcopais nacionais não serão mais objeto de revisão (*recognitio*) pela Santa Sé, mas apenas à sua confirmação (*confirmatio*). Uma mudança simples, mas substancial, portanto, em que o princípio da revisão e da correção de textos é substituído por uma autorização mais formal, sem que o Vaticano preserve para si a possibilidade de opinar sobre

---

[8]. FRANCISCO, Papa, *Homilia do Papa Francisco na Santa Missa e Procissão Eucarística na Solenidade do Santíssimo Corpo e Sangue de Cristo*, disponível em: https://www.vatican.va/content/francesco/pt/homilies/2017/documents/papa-francesco_20170618_omelia-corpus-domini.html, acesso em: 05 jul. 2023.

o conteúdo das traduções, mas garantindo a possibilidade de aprová-las ou rejeitá-las.

2.1 A mudança trazida pelo *motu proprio* "*Magnun Principium*"

O secretário da Congregação para o Culto Divino e a Disciplina dos Sacramentos, dom Arthur Roche, explicou em nota que "o objetivo da emenda é definir melhor os papéis da Sé Apostólica e das conferências episcopais, chamadas a trabalhar em diálogo umas com as outras, com respeito à sua própria competência"[9]. Essencialmente, a norma diz respeito aos seus "limites de ação", dentro de um "terreno de encontro entre liturgia e cultura", mas também à "salvaguarda da unidade substancial do rito romano". Sem esquecer, porém, que para os fiéis "a Palavra é um mistério", e que, quando dita, "Deus fala aos homens". Com o acréscimo de algumas referências explícitas às responsabilidades dos bispos e episcopados nacionais, que de fato são aumentadas. De fato, Roche sustentou que a emenda "não se configura como uma intervenção alternativa de tradução, mas como um ato autorizado com o qual o dicastério competente ratifica a aprovação dos bispos".

2.2 Uma reforma bem preparada

Não é suficiente reformar os livros litúrgicos para renovar a mentalidade; faz-se necessária uma maior formação litúrgica de pastores e fiéis, pois este é um desafio a ser enfrentado sempre de novo.

---

9. ROCHE, Arthur, *As responsabilidades dos bispos nas traduções dos textos litúrgicos latinos*, disponível em: https://www.vaticannews.va/pt/vaticano/news/2021-10/decreto-motu-proprio-magum-principium-prefeito-roche.html, acesso em: 06 jul. 2023.

"Depois deste magistério e depois deste longo caminho, podemos afirmar com segurança e com autoridade magisterial que a reforma litúrgica é irreversível", disse o Papa Francisco aos participantes da Semana Litúrgica Nacional italiana. Ele falou sobre a irreversibilidade da reforma litúrgica, recordando – ao começar seu pronunciamento na época – os acontecimentos "substanciais e não superficiais" ocorridos no arco dos últimos setenta anos na história Igreja e, em particular, "na história da liturgia".

O Concílio Vaticano II e a reforma litúrgica – disse o papa – são dois eventos diretamente ligados, "que não floresceram repentinamente, mas foram longamente preparados", como testemunha o movimento litúrgico "c as respostas dadas pelos Sumos Pontífices às dificuldades percebidas na oração eclesial".

Francisco começou citando, nesse sentido, São Pio X, que dispôs uma reordenação da música sacra e a restauração celebrativa do domingo, além de instituir "uma comissão para a reforma geral da liturgia, consciente de que isso comportaria" um grande e longo trabalho, mas que daria "um novo esplendor" à dignidade e à harmonia do "edifício litúrgico".

Um projeto reformador que foi retomado mais tarde por Pio XII com a Encíclica *Mediator Dei* e a instituição de uma comissão de estudo, sem falar em decisões como "a atenuação do jejum eucarístico, o uso da língua viva no Ritual, a importante reforma da Vigília Pascal e da Semana Santa".

O Concílio Vaticano II fez amadurecer mais tarde – recordou o papa – "como bom fruto da árvore da Igreja, a Constituição sobre a Sagrada Liturgia *Sacrosanctum Concilium*", cujas linhas da reforma geral respondiam às necessidades reais e à concreta esperança de uma renovação, "para que os fiéis não assistam como estranhos e mudos espectadores a esse mistério de fé, mas, compreendendo-o por meio dos ritos e das orações, participem da ação sagrada conscientemente, pia e ativamente" (SC, n. 48).

O papa recorda que "a direção traçada pelo Concílio encontrou forma, segundo o princípio do respeito da sã tradição e do legítimo progresso nos livros litúrgicos promulgados pelo Beato Paulo VI", já há quase cinquenta anos universalmente em uso no Ritual Romano. E a aplicação prática, guiada pelas Conferências Episcopais para os respectivos países, está ainda em andamento, pois não basta reformar os livros litúrgicos para renovar a mentalidade:

> Os livros reformados por norma dos decretos do Vaticano II introduziram um processo que requer tempo, recepção dos fiéis, obediência prática, sábia atuação celebrativa por parte, antes, dos ministros ordenados, mas também dos outros ministros, dos cantores e de todos aqueles que participam da liturgia. Na verdade, o sabemos, a educação litúrgica de Pastores e fiéis é um desafio a ser enfrentado sempre de novo.

O próprio Paulo VI, um ano antes de sua morte – recordou o papa –, dizia aos cardeais reunidos em Consistório: "Chegou o momento, agora, de deixar cair definitivamente os fermentos desagregadores, igualmente perniciosos em um sentido e em outro, e de aplicar integralmente, nos seus justos critérios inspiradores, a reforma por nós aprovada em aplicação aos votos do Concílio". E completou Francisco:

> E hoje ainda há trabalho a ser feito nessa direção, em particular redescobrindo os motivos das discussões realizadas com a reforma litúrgica, superando leituras infundadas e superficiais, recepções parciais e práticas que a desfiguram. Não se trata de repensar a reforma revendo as suas escolhas, mas de conhecer melhor as razões subjacentes, também por meio da documentação histórica, como de interiorizar os princípios inspiradores e de observar a disciplina que a regula. Depois deste magistério e depois deste longo caminho, podemos afirmar com segurança e com autoridade magisterial que a reforma litúrgica é irreversível.

Após "repassar com a memória este caminho", o papa falou sobre alguns aspectos do tema que guiou a reflexão nesses dias do encontro do Centro de Ação Litúrgica: "Uma liturgia viva para uma Igreja viva":
"A liturgia é viva", afirmou Francisco, e,

> sem a presença real do mistério de Cristo, não existe nenhuma vitalidade litúrgica. Como sem o batimento cardíaco não existe vida humana, da mesma forma, sem o coração pulsante de Cristo não existe ação litúrgica. E entre os sinais visíveis do invisível Mistério está o altar, sinal de Cristo pedra viva, descartada pelos homens, mas que se tornou a pedra angular do edifício espiritual em que é oferecido a Deus vivo o culto em espírito e verdade.

A liturgia – disse depois o papa – "é vida para todo o povo da Igreja". Por sua natureza, a liturgia é de fato "popular" e não clerical, sendo – como ensina a etimologia – uma ação para o povo, mas também do povo:

> A Igreja em oração acolhe todos aqueles que têm o coração na escuta do Evangelho, sem descartar ninguém: são convocados pequenos e grandes, ricos e pobres, crianças e idosos, saudáveis e doentes, justos e pecadores. À imagem da "multidão imensa" que celebra a liturgia no santuário do céu, a assembleia litúrgica supera, em Cristo, todo limite de idade, raça, língua e nação.

A dimensão "popular" da liturgia nos recorda que ela é inclusiva e não exclusiva, criadora de comunhão com todos, sem, todavia, homologar, porque chama cada um, com a sua vocação e originalidade, a contribuir para edificar o corpo de Cristo.

Não devemos esquecer – alertou o papa – que a liturgia expressa a piedade de todo o povo de Deus e nela cada um contribui para edificar o corpo de Cristo.

A liturgia – disse o papa, analisando um terceiro ponto – é vida, e não uma ideia a ser entendida.

Leva de fato a viver uma experiência iniciática. Ou seja, transformadora do modo de pensar e de comportar-se, e não para enriquecer a própria bagagem de ideias sobre Deus.

A Igreja é realmente viva se, formando um só ser vivo com Cristo, é portadora de vida, é materna, é missionária, sai ao encontro do próximo, solícita de servir sem buscar poderes mundanos que a tornam estéril. Por isso, celebrando os santos mistérios, recorda Maria, a Virgem do *Magnificat*.

Por fim, o Papa recorda que não podemos esquecer que a riqueza da Igreja em oração, enquanto "católica", vai além do Rito Romano, que, mesmo sendo o mais difundido, não é o único: "A harmonia das tradições rituais, do Oriente e do Ocidente, pelo sopro do mesmo Espírito dá voz à única Igreja orante por Cristo, com Cristo e em Cristo, para a glória do Pai e para a salvação do mundo".

No agradecimento à visita, Francisco encorajou os responsáveis do Centro de Ação Litúrgica a prosseguir e a ajudar "os ministros ordenados, assim como os outros ministros, os cantores, os artistas, os músicos, a cooperarem para que a liturgia seja 'fonte e ápice da vitalidade da Igreja'".

2.3 A necessidade urgente de formação litúrgica

Não é novidade que a liturgia foi um campo contestado na vida católica nas últimas décadas. A oposição à reforma litúrgica começou mesmo antes da conclusão do Concílio Vaticano II e aumentou a partir de 1964, quando reformas como o uso da língua materna e a prática de o sacerdote ficar em frente às pessoas enquanto celebra a Eucaristia começaram a ser implementadas.

A liturgia emergiu nos últimos anos como um dos grandes temas do pontificado de Francisco. Se, no começo, esse não parecia ser um dos focos de atenção do papa, a publicação de *Traditionis Custodes* (2021) e de *Desiderio Desideravi* (2022) deixou claro – ao completarem-se os dez anos de sua eleição – não apenas que o seu magistério considera a sua importância, mas também que não poderia deixar de considerar.

Afinal, um pontificado marcado pelas questões da reforma eclesial, da sinodalidade, do discernimento e da misericórdia, na fidelidade ao Concílio Vaticano II e como que abrindo uma nova fase de sua recepção, não poderia não se interessar pela liturgia, tema primeiro da assembleia conciliar, com as suas implicações para a identidade do cristão e da comunidade eclesial.

2.3.1 Notas à margem da carta *Desiderio Desideravi*

A carta *Desiderio Desideravi* do papa é um grande dom para a Igreja. É um quadro amplo dentro do qual os gestos e as palavras, os sinais e os símbolos que compõem a liturgia ganham sentido e significado. Como qualquer moldura, não serve tanto para definir os limites que não podem ser ultrapassados pelo que é lícito dizer ou fazer, mas sim para acomodar dentro dele toda reformulação possível de palavras e gestos, sinais e símbolos, que podem sempre expressar melhor o sentido da liturgia. É verdade que: "Uma celebração que não evangeliza não é autêntica, tal como não o é um anúncio que não leve ao encontro com o Ressuscitado na celebração" (DD, n. 37).

No número 21, o Papa Francisco nos indica o sentido último da liturgia eucarística: "A liturgia é o sacerdócio de Cristo a nós revelado e doado na sua Páscoa, hoje tornado presente e atuante mediante sinais sensíveis (água, azeite, pão, vinho, gestos, palavras), para que o Espírito, submergindo-nos no mistério pascal, transforme toda a nossa vida, conformando-nos cada vez mais a Cristo" (DD, n. 21). E um pouco depois complementa:

> De domingo em domingo, a comunhão no Corpo e no Sangue de Cristo quer fazer também da nossa vida um sacrifício agradável ao Pai, na comunhão fraterna que se faz partilha, acolhimento e serviço. De domingo em domingo, a força do Pão partido nos sustenta no anúncio do Evangelho, no qual se manifesta a autenticidade da nossa celebração (DD, n. 65).

Este é, pois, o critério: a liturgia é autêntica se evangeliza. E se ela não evangeliza, há um problema. Se não evangeliza, devemos perguntar-nos se os tempos e os métodos das nossas celebrações respondem ao objetivo de aproximar o Ressuscitado.

Se puxarmos um pouco na memória, podemos lembrar que, no início dos anos 2000, a principal tarefa da teologia era evitar que as ações das autoridades hierárquicas (começando com a Cúria Romana) sufocassem as reformas litúrgicas e outras ações conciliares. Hoje, no entanto, não é mais o Vaticano II que precisa ser defendido das garras de Roma. Em vez disso, é Roma que sai em defesa do Vaticano II.

Como filho do Concílio e de forma mais sistemática do que o habitual, Bergoglio apresenta sua compreensão do Concílio Vaticano II e seu legado, e em particular da reforma litúrgica, na carta *Desiderio Desideravi*: "Devemos ao Concílio – e ao movimento litúrgico que o precedeu – a redescoberta de uma compreensão da liturgia e de sua importância na vida da Igreja" (DD, n. 16). De maneira clara e evidente, ele defende a reforma litúrgica contra as acusações que se tornaram rotina em alguns círculos católicos:

> Quando falo de espanto pelo mistério pascal, não pretendo de forma alguma me referir ao que às vezes me parece significar a vaga expressão "senso de mistério". Às vezes, isso está entre

as supostas principais acusações contra a reforma litúrgica. Diz-se que o sentido de mistério foi removido da celebração (DD, n. 25).

O Papa Francisco mostra a importância da constituição litúrgica, na arquitetura abrangente dos documentos do Vaticano II, em sua intertextualidade: uma questão teológica é abordada em diferentes documentos e um documento se cruza com todos os outros. Portanto, os documentos do Vaticano II devem ser vistos e lidos como um *corpus*, como um corpo de ensinamentos:

> Foi com a realidade da modernidade que a Igreja reunida em Concílio se quis confrontar, reafirmando a consciência de ser sacramento de Cristo, luz dos povos (*Lumen Gentium*), pondo-se em religiosa escuta da Palavra de Deus (*Dei Verbum*) e reconhecendo como suas as alegrias e as esperanças (*Gaudium et Spes*) dos homens de hoje. As grandes Constituições conciliares não são separáveis e não é por acaso que esta única grande reflexão do Concílio Ecumênico – a mais alta expressão da sinodalidade da Igreja, de cuja riqueza eu sou chamado a ser guardião, com todos vós – partiu da liturgia (*Sacrosanctum Concilium*) (DD, n. 29).

Os números 29 e 31 mostram especialmente a profunda familiaridade do Papa Francisco com os desdobramentos históricos do Concílio a partir do debate litúrgico, com as conexões entre o caloroso debate litúrgico da primeira sessão em 1962 e o debate eclesiológico que marcou a segunda sessão em 1963. O caráter intertextual do Vaticano II implica, por isso, uma abordagem interdisciplinar da liturgia e da formação teológica: "Todas as disciplinas da teologia, cada qual segundo a sua perspectiva própria, devem mostrar a sua conexão íntima com a liturgia, em virtude da qual se revela e se realiza a unidade da formação sacerdotal" (DD, n. 37).

Bergoglio destaca o que está em jogo na nova questão litúrgica que se desenvolveu nos últimos anos e a aborda com a franqueza habitual:

> Seria banal ler as tensões acerca da celebração, infelizmente presentes, como se de uma simples divergência se tratasse entre sensibilidades diversas em relação a uma forma ritual. A problemática é antes de tudo eclesiológica. Não vejo como se possa dizer que se reconhece a validade do Concílio – se bem que me surpreenda que um católico possa ter a pretensão de não fazê-lo – e não aceitar a reforma litúrgica nascida da *Sacrosanctum Concilium*, que exprime a realidade da liturgia em íntima conexão com a visão de Igreja admiravelmente descrita pela *Lumen Gentium* (DD, n. 31).

A carta *Desiderio Desideravi* também poderia ser considerada como um sinal da luta e, ao mesmo tempo, da frustração deste pontificado para fazer valer o respeito pela reforma litúrgica, como o próprio Francisco detalhou em *Traditionis Custodes*: "Como expliquei na carta enviada a todos os Bispos, senti o dever de afirmar que 'os livros litúrgicos promulgados pelos santos pontífices Paulo VI e João Paulo II, em conformidade com os decretos do Concílio Vaticano II, são a única expressão da *lex orandi* do Rito Romano'" (DD, n. 31).

O papa nos chama a uma contínua e verdadeira redescoberta da constituição e reforma litúrgica:

> Por este motivo, não podemos voltar àquela forma ritual que os Padres conciliares, *cum Petro* e *sub Petro*, sentiram a necessidade de reformar, aprovando, sob a guia do Espírito e segundo a sua consciência de pastores, os princípios dos quais nasceu a reforma. Os santos Pontífices Paulo VI e João Paulo II, aprovando os livros litúrgicos reformados *ex decreto Sacrosancti Oecumenici Concilii Vaticani II*, garantiram a fidelidade da reforma ao Concílio. Por este motivo escrevi *Traditionis Custodes*, para que

a Igreja possa elevar, na variedade das línguas "uma só e idêntica oração", capaz de exprimir a sua unidade. Pretendo que esta unidade, como já escrevi, seja restabelecida em toda a Igreja de Rito Romano (DD, n. 61).

O documento, na verdade, deve ser considerado um acréscimo significativo ao corpo dos ensinamentos do Papa Bergoglio. Mas não é relevante apenas para aqueles que estudam este papa por interesse acadêmico. *Desiderio Desideravi* também é significativa no contexto do confronto entre alguns bispos brasileiros, movimentos católicos e políticos católicos. Como salientou o liturgista beneditino francês Patrick Pretot sobre *Desiderio Desideravi*: "O papa repete de outra forma o que ele expressou muitas vezes em outros lugares: a Eucaristia não é um prêmio pelo bom comportamento. Mas é uma iniciativa de um Deus que se doa: é um desejo de Cristo que é primordial"[10].

O documento fala, de forma clara, à Igreja do Brasil de maneira muito particular. Primeiramente, aborda o fato de que em alguns círculos católicos, o tradicionalismo litúrgico, o sentimento teológico anti-Vaticano II e a oposição ao Papa Francisco se tornaram um movimento forte. Esses grupos não são secretos ou independentes das autoridades eclesiásticas; ao contrário, eles contam com o apoio de alguns bispos locais e estão bem representados em vários ambientes eclesiásticos.

Depois, *Desiderio Desideravi* confirma que Francisco trouxe uma mudança importante no papel do papado na crise da reforma litúrgica. Ele deixou ainda mais claro do que antes que o movimento por uma "reforma da reforma litúrgica" não pode mais contar com o

---

10. PRETOT, Patrick, *Papa Francisco fez um "tratado sobre a teologia da liturgia" com* Desiderio Desideravi, disponível em: https://www.ihu.unisinos.br/categorias/620123-papa-francisco-fez-um-tratado-sobre-a-teologia-da-liturgia-com-desiderio-desideravi-afirma-o-monge-beneditino-patrick-pretot, acesso em: 06 jul. 2023.

apoio do papado. É um afastamento significativo do que Bento XVI havia iniciado e se enraizou: um movimento pelo retorno da missa em latim pré-Vaticano II. O documento cita o ensinamento sobre a liturgia de todos os papas desde Pio XII – todos menos Bento XVI, que nunca é mencionado. Não é um descuido, mas um julgamento sobre os efeitos do *motu proprio* de 2007 de Bento XVI, *Summorum Pontificum*. Ao mesmo tempo, *Desiderio Desideravi* critica os defensores liberais-progressistas do Vaticano II, que muitas vezes prestam atenção apenas aos aspectos do ensinamento do Concílio daquilo que gostam. Com este documento, Francisco se confirma como um verdadeiro papa do Vaticano II, mantendo uma interpretação do Concílio que está ciente tanto dos movimentos anticonciliares em oposição ao Vaticano II quanto do risco de um catolicismo "a-conciliar" mais sutil, em que a vida da Igreja e especialmente a formação teológica é concebida como se o Vaticano II nunca tivesse acontecido.

Um terceiro elemento, *Desiderio Desideravi* aborda diretamente, embora não explicitamente, a crise interna da Igreja Católica, ao mesmo tempo que revela as preocupações de Roma sobre a recepção do Vaticano II globalmente. Francisco redescobre a eclesiologia da reforma litúrgica, mas de uma maneira diferente do Vaticano II há sessenta anos. O papel da reforma litúrgica e das reformas em geral mudou substancialmente desde o Vaticano II – e desde o início dos anos 2000. Na década de 1960, a eclesiologia do Vaticano II tratava de uma ideia sacramental da Igreja *versus* uma ideia jurídica de Igreja, a favor das aberturas ecumênicas contidas na liturgia reformada e reconhecendo a existência de ritos litúrgicos diferentes e igualmente legítimos. No início dos anos 2000, a tarefa da teologia era evitar as autoridades hierárquicas (começando com a Cúria Romana de João Paulo II e depois Bento XVI) de sufocarem as reformas litúrgicas e outras conciliares. Como já dito, o Concílio Vaticano II já não necessita mais de uma defesa contra certas pretensões romanas, haja vista que hoje é a própria Sé romana que vem em sua defesa.

Francisco é um centrista do Vaticano II, que coloca a reforma litúrgica nesse centro quando fala sobre o Concílio. Outras questões para as quais o Vaticano II abriu caminhos, como o ministério ordenado, são mais complicadas para ele, mas está atento ao risco que enfrentamos: até onde pode ir a deslegitimação e o enfraquecimento do Vaticano II – por meio da rejeição da reforma litúrgica e de sua eclesiologia –, antes de danificar irreparavelmente a unidade da Igreja?

À guisa de conclusão

A liturgia é vida e não uma ideia a ser compreendida. Ela nos leva a viver uma experiência iniciática, isto é, transformadora do modo de pensar e de se comportar, e não a enriquecer a própria bagagem de ideias sobre Deus. Há uma bela diferença entre dizer que Deus existe e sentir que Deus nos ama, assim como somos. Dessa forma, os ritos e as orações, pelo que são e não pelas explicações que lhes damos, tornam-se uma escola de vida cristã, e para Francisco isso "está de acordo com a catequese mistagógica praticada pelos Padres, também assumida pelo Catecismo da Igreja Católica".

"A liturgia não é propriedade, não, não é uma profissão: a liturgia é celebrada."[11] A liturgia se aprende, a liturgia se vive, a liturgia se celebra. Por isso, o papa tem salientado que se participa ativamente na liturgia à medida que se entra no espírito mesmo da celebração. "Não é uma questão de ritos, é o mistério de Cristo." O estudo e a vivência da liturgia fazem crescer a comunhão eclesial, porque abre ao outro o que está mais próximo e o que está mais distante da Igreja, na pertença comum a Cristo.

---

11. FRANCISCO, Papa, *Discurso aos professores e estudantes do Pontifício Instituto Litúrgico Santo Anselmo de Roma*, 7 de maio de 2022, disponível em: https://www.vatican.va/content/francesco/es/speeches/2022/may/documents/20220507-pont-istituto-liturgico.html, acesso em: 06 jul. 2023.

O papa também tem sublinhado o perigo da tentação do formalismo litúrgico, de regresso às formas, às formalidades, e não à realidade, que vemos hoje nesses movimentos que tentam voltar atrás e negar o próprio Concílio Vaticano II: quando a celebração é apenas recitação, algo sem vida, sem alegria. A vida litúrgica deve conduzir a uma maior unidade eclesial, não à divisão. E o papa adverte: "Quando a vida litúrgica é um pouco como a bandeira da divisão, o cheiro do diabo está lá, imediatamente. O enganador. Não é possível render culto a Deus e, ao mesmo tempo, fazer da liturgia um campo de batalha para questões que não são essenciais, de fato, para questões que foram superadas, e tomar partido, da liturgia, com ideologias que dividem a Igreja"[12].

A Igreja, graças à liturgia, prolonga a ação de Cristo no meio dos homens e mulheres de todos os tempos, e o estudo da liturgia deve permanecer fiel a isso, mas isso não impede reformas. A este respeito, o papa acrescenta uma ampla reflexão, observando "que toda reforma cria resistências".

Referências

BERMÚDEZ, Alejandro. *Francisco, nuestro hermano amigo*. Madrid: Ediciones Cristiandad, 2014.
_____. *Pope Francis. Our Brother, our Friend*. San Francisco: Ignatius Press, 2013.
FRANCISCO, Papa. *Audiência Geral*. Quarta-feira, 8 de novembro de 2017. Disponível em: https://www.vatican.va/content/francesco/pt/audien ces/2017/documents/papa-francesco_20171108_udienza-generale. html. Acesso em: 06 jul. 2023.
_____. *Homilia do Papa Francisco na Santa Missa e Procissão Eucarística na Solenidade do Santíssimo Corpo e Sangue de Cristo*. Disponível em: https://www.vatican.va/content/francesco/pt/homilies/2017/

---

12. Ibidem.

documents/papa-francesco_20170618_omelia-corpus-domini.html. Acesso em: 06 jul. 2023.

_____. *Discurso aos participantes na 68ª Semana Litúrgica Nacional*, 24 de agosto de 2017. Disponível em: https://www.vatican.va/content/francesco/pt/speeches/2017/august/documents/papa-francesco_20170824_settimana-liturgica-nazionale.html. Acesso em: 06 jul. 2023.

_____. *Discurso aos professores e estudantes do Pontifício Instituto Litúrgico Santo Anselmo de Roma*, 7 de maio de 2022. Disponível em: https://www.vatican.va/content/francesco/es/speeches/2022/may/documents/20220507-pont-istituto-liturgico.html. Acesso em: 06 jul. 2023.

PARANHOS, Washington da Silva. As interpelações do Papa Francisco para a liturgia de hoje. In: PARO, Thiago Faccini (org.). *Atualização litúrgica 2*. São Paulo: Paulus/Associação dos Liturgistas do Brasil, 2020.

PIO IX, Papa. *Litterae Apostolicae Quanta Cura*. Disponível em: https://www.vatican.va/content/pius-ix/la/documents/encyclica-quanta-cura-8-decembris-1864.html. Acesso em: 06 jul. 2023.

PRETOT, Patrick. *Papa Francisco fez um "tratado sobre a teologia da liturgia" com* Desiderio Desideravi. Disponível em: https://www.ihu.unisinos.br/categorias/620123-papa-francisco-fez-um-tratado-sobre-a-teologia-da-liturgia-com-desiderio-desideravi-afirma-o-monge-beneditino-patrick-pretot. Acesso em: 06 jul. 2023.

ROCHE, Arthur. *As responsabilidades dos bispos nas traduções dos textos litúrgicos latinos*. Disponível em: https://www.vaticannews.va/pt/vaticano/news/2021-10/decreto-motu-proprio-magum-principium-prefeito-roche.html. Acesso em: 06 jul. 2023.

Capítulo 2

"Uma Igreja pobre e para os pobres". A Igreja no magistério do Papa Francisco

Sinivaldo S. Tavares, OFM

Introdução

No intuito de discorrer acerca da Igreja no magistério do Papa Francisco, procederemos da seguinte forma: recolheremos, de início, gestos e metáforas relativos à Igreja empregados pelo papa no curso de seu pontificado; em seguida, explicitaremos alguns elementos que caracterizam, em nossa opinião, a "eclesiologia de Francisco": a consciência da índole sacramental da Igreja e, portanto, de sua intrínseca missão de evangelizar tornando presente o Reino de Deus no mundo; a pertinência e relevância do *sensus fidei fidelium*; e, por último, a insistência na sinodalidade como maneira de toda a Igreja ser. Na conclusão, recolheremos alguns textos do próprio papa, no sentido de caracterizar aquele seu desejo expresso de "uma Igreja pobre e para os pobres".

1 Gestos e metáforas

De saída, destacaremos alguns gestos que, desde o início, tem caracterizado o pontificado de Francisco. Há um consenso em torno do fato de que Francisco tem se destacado por gestos contundentes e interpeladores. No entanto, lembramos que esses gestos não se dão desacompanhados de palavras que explicitem seu sentido. Aliás, nesse particular, Francisco tem se esmerado na peculiar reciprocidade entre gestos e palavras. Talvez seja essa a razão da coerência perceptível em suas pregações e, consequentemente, de sua credibilidade junto a todos quantos o ouvem. Pois se, por um lado, são os gestos que dão credibilidade aos discursos, por outro, são as palavras que desvelam o real sentido dos gestos, por mais contundentes que esses sejam.

Na sequência, elegeremos algumas metáforas empregadas por Francisco que têm se difundido entre nós e se revelado particularmente eficazes no sentido de ilustrar a mensagem que ele intenciona transmitir. A vantagem das metáforas é que elas não explicam nem sinalizam apenas, mas também mostram a realidade expressa nelas e por seu intermédio. Com efeito, desde que assumiu o ministério petrino, Francisco tem se revelado fecundo no recurso a metáforas.

1.1 Gestos

Já no primeiro momento de sua aparição pública, na sacada da Basílica de São Pedro, Francisco nos surpreendeu com alguns gestos de simplicidade, despojamento e delicadeza: o modo de se vestir, as palavras de saudação ao povo na praça, ter se inclinado diante do povo, pedindo-lhe que o abençoasse no início de seu novo ministério, entre outros. E as palavras proferidas a elucidar o sentido desses gestos: apresentou-se como alguém chamado "desde o fim do mundo para ser bispo de Roma" e, dirigindo-se a seu povo, fez referência ao caminho a ser percorrido juntos, pastor e rebanho. Por essa razão, inclina-se diante de seu rebanho pedindo a bênção, antes da bênção solene a ser concedida na condição de bispo recém-eleito.

Gestos de extrema delicadeza e de respeito, imbuídos de uma genuína eclesiologia recuperada e proposta pelo Concílio Vaticano II.

Aliás, a própria escolha do nome Francisco é uma opção que exprime o projeto de seu pontificado: restaurar a Igreja que se encontra em ruínas, a exemplo de outro Francisco, o *poverello* de Assis. A foto do raio que atinge a cúpula da Basílica de São Pedro correu o mundo, a exprimir plasticamente a situação da Igreja no apagar das luzes do pontificado de Bento XVI. E, a partir daí, fomos sendo surpreendidos, dia após dia, por inúmeros outros gestos, singelos muitas vezes, mas carregados de sentido, como, por exemplo, o fato de, após ter sido eleito, voltar no mesmo veículo que transportava os cardeais eleitores; a renúncia aos sapatos vermelhos e a tantos detalhes da indumentária recuperados por Bento XVI, durante seu curto pontificado; a decisão de utilizar automóveis utilitários para deslocamentos em suas viagens apostólicas; a intenção explícita de visitar pessoas em situações de marginalidade e pobreza, seja em Roma, seja em outras localidades por ele visitadas; a escolha de pessoas em situação de pobreza e exclusão para participarem das celebrações do lava-pés na Quinta-feira Santa... A visita a Lampedusa como expressão de sua solidariedade a milhares de migrantes clandestinos que perderam a própria vida na travessia de um mar que os separava de outro mundo, considerado paradisíaco. E tantos outros gestos; impossível enumerá-los todos.

1.2 Metáforas

São tantas as metáforas às quais recorre Francisco em seu afã de dar concretude à ação evangelizadora da Igreja! Impossível recuperá-las todas. Vamos analisar apenas algumas, talvez as mais significativas ou as que maior efeito têm provocado no imaginário eclesial e global. A vantagem das imagens é não serem apreendidas apenas por católicos praticantes, mas também por aqueles que se encontram fora de nossos espaços convencionalmente religiosos. Em geral, são os *mass media* quem primeiro captam e difundem essas imagens. Enquanto os discursos, quase sempre, pressupõem um conhecimento prévio, ainda que mínimo, da doutrina e da teologia cristãs, as imagens falam diretamente à sensibilidade e ao senso comum, e tocam precisamente por sua plasticidade. Quem não se recorda, por exemplo, dessas sugestivas metáforas: "Igreja em saída"; "Igreja como hospital de campanha"; "Igreja como mãe misericordiosa e não como alfândega"; "prefiro uma Igreja enlameada que doente dentro das sacristias"; "pastores e teólogos com cheiro de ovelha"; "o decálogo das doenças espirituais que acometem os membros da Cúria romana"?

A concretude e a plasticidade dessas e outras metáforas dispensam ulteriores comentários. Elas mostram a crise na qual nos encontramos e, sobretudo, incitam-nos a um radical repensar de nossas relações *ad intra* e *ad extra*. Somos todos interpelados, em primeiro lugar, a uma sadia autocrítica com respeito ao modo de testemunhar nossa própria fé, tanto pessoal quanto comunitariamente. Mas somos questionados ainda acerca das relações que temos instaurado para com o mundo no qual estamos inseridos e no qual somos chamados a encarnar o Evangelho de Nosso Senhor Jesus Cristo.

2 Povo de Deus no mundo, a Igreja existe para evangelizar

Gostaríamos, aqui, de reunir as várias iniciativas que compõem o projeto de reforma da Igreja de Francisco, em torno de três nós enredados entre si: a concepção da Igreja como sacramento e, portanto, povo de Deus no mundo, cuja razão de ser é evangelizar; a pertinência e relevância do *sensus fidei fidelium* e a insistência na sinodalidade como maneira de toda a Igreja ser. Concluiremos evocando o desejo expresso de Francisco: "Uma Igreja pobre e para os pobres".

2.1 A Igreja é sacramento e, portanto, povo de Deus no mundo

No prólogo da Constituição Dogmática *Lumen Gentium* (LG), lemos: "A Igreja é em Cristo como que o sacramento ou o sinal e instrumento da íntima união com Deus e da unidade de todo o gênero humano" (LG, n. 1). Essa é, em nossa opinião, a inspiração de fundo a partir da qual o Papa Francisco tem afirmado com contundência que a Igreja não existe para si mesma. De fato, pertence à própria índole da Igreja concebida como sacramento constituir-se em mediação e, portanto, em realidade transitiva que propicie o encontro e a comunhão entre a Trindade Santíssima e o gênero humano. Por essa razão, não nos parece justificável separar e, menos ainda, contrapor, no âmbito da *Lumen Gentium*, duas eclesiologias: "eclesiologia de comunhão" e "eclesiologia do povo de Deus". Ao contrário, ambas se exigem reciprocamente.

A comunhão trinitária revela-se a nós como proposta de salvação na concreção da Igreja, reconhecida como "povo de Deus no mundo", pois, somente enquanto tal, se torna sacramento, isto é, sinal e instrumento de salvação para todo o gênero humano. A Igreja, portanto, enquanto sacramento, jamais poderá se considerar uma realidade intransitiva, isto é, com sentido em si mesma. Ela não existe por si e muito menos para si. Como vem insistindo Francisco, ela existe para evangelizar, isto é, tornar presente no mundo o Reino de Deus. Essa constitui, para todos os efeitos, a motivação última e a inspiração mais profunda de todas as metáforas eclesiológicas propostas por Francisco no decorrer de seu magistério pontifício.

A esse propósito, destacaríamos, na Exortação Apostólica *Evangelii Gaudium* (EG), a recuperação do termo "evangelização". Termo esse que, tendo adquirido direito de cidadania no pós-Vaticano II, por influência de Medellín, na Exortação Apostólica Pós-Sinodal *Evangelii Nuntiandi* (EN), foi substituído durante o pontificado de

João Paulo II por "missão". Não é o lugar aqui de deslindar sistematicamente as diferenças substanciais entre "evangelização" e "missão". Nem se quer naturalmente afirmar que ambas sejam irreconciliáveis ou reciprocamente excludentes. Elas são, na verdade, distintas e, por essa razão, mutuamente inclusivas. O que as diferencia são os distintos acentos sugeridos por cada uma delas. E esses acentos distintos são fundamentais para a compreensão que se tem, vez por vez, da tarefa que incumbe à Igreja, enquanto comunidade que se distingue pelo seguimento de Jesus e, portanto, por fazer do anúncio do Evangelho sua razão precípua de ser.

Ao se eleger o termo "missão", acentua-se o sujeito ou protagonista da mensagem, no presente caso, a Igreja-instituição que vai pelo mundo afora levar a mensagem do Evangelho. E, consequentemente, essa missão tem se dado historicamente como um caso de implantação (*implantatio ecclesiae*) de suas obras, de sua mentalidade, de seus costumes, de sua cultura. Ao se privilegiar, ao contrário, o termo "evangelização", o acento recai sobre os destinatários da mesma. E, fiel à etimologia da palavra "evangelho", que quer dizer "boa notícia", a preocupação será de como encarnar a mensagem que se quer transmitir na realidade de seus destinatários, fazendo com que o anúncio possa emergir, de fato, como boa notícia a partir das entranhas da vida dos destinatários, e que, assim, corresponda, de fato, a seus anseios e expectativas mais profundos. Nesse caso, os assim chamados "destinatários" se tornam, para todos os efeitos, interlocutores da evangelização.

Gostaríamos ainda de destacar a peculiar compreensão de evangelização que emerge nas páginas da *Evangelii Gaudium*. Francisco concebe evangelização como arte de lançar sementes e não propriamente como oferecimento do fruto maduro. Nesse sentido, destacaríamos no texto da *Evangelii Gaudium* a coerência entre conteúdo e método, expressão, por sua vez, da coerência entre conteúdo da mensagem e modalidades nas quais e por meio das quais é anunciada. Por essa razão, na *Evangelii Gaudium*, só se trata propriamente do anúncio do Evangelho no terceiro capítulo, após ter proposto uma radical autocrítica por parte dos evangelizadores (primeiro capítulo) e uma honesta e profunda análise da presente situação do mundo em que vivemos, terreno no qual serão lançadas as sementes do Evangelho (segundo capítulo). Depois, no quarto capítulo, ele vai explicitar a "dimensão social" da evangelização, para concluir, no quinto capítulo, discorrendo sobre a importância de uma "Evangelização com espírito".

Salientamos ainda a pertinência e a relevância dos quatro princípios propostos por Francisco como válidos para toda a ação evangelizadora da Igreja: 1) o tempo é superior ao espaço (EG, n. 222-225); 2) a unidade prevalece sobre o conflito (EG, n. 226-230); 3) a realidade é mais importante que a ideia (EG, n. 231-233); 4) o todo é superior à parte (EG, n. 234-237).

Posto ser concebida como "sacramento", a Igreja é reconhecida como "povo de Deus" no mundo. Todo sacramento se constitui a partir de uma realidade material que nos remete a outra realidade, que a transcende sem desprezá-la ou aniquilá-la. Transcende-a, portanto, a partir de dentro, isto é, transfigurando a realidade material. E essa remissão se dá mistagogicamente, ou seja, somos atraídos para dentro da realidade material e conduzidos interiormente ao sentido nela revelado e evocado. Essa é, portanto, a relação constitutivamente sacramental entre "povo de Deus" e "comunhão trinitária". Sendo assim, na condição de "povo de Deus", a Igreja se revela como sendo "ícone da Trindade Santa".

A esse propósito, ensina-nos o Concílio Vaticano II: "Aprouve, contudo, a Deus santificar e salvar as pessoas humanas não singularmente, sem nenhuma conexão umas com as outras, mas constituí-las em um povo, que o conhecesse na verdade e santamente o servisse" (LG, n. 9). A Igreja é, portanto, constituída por todas as pessoas batizadas em: "povo sacerdotal", "povo profético" e "povo régio"

(LG, n. 9-12). Essa é, em última análise, a dignidade de todos os batizados enquanto constituem o "povo de Deus". É dessa dignidade batismal que decorre a função do ministério ordenado, expressa na tríplice função (*munus*) que lhe é conferida: coordenar, ensinar e santificar. Portanto, o ministério ordenado, em seu tríplice *munus*, é uma função e, nesse sentido, está a serviço do reconhecimento e do exercício da dignidade – sacerdotal, profética e régia – conferida à comunidade eclesial, constituída pelo conjunto de todos os batizados.

Concebida à imagem da Trindade santíssima, como nos ensina a *Lumen Gentium*, a Igreja é simultaneamente: "povo de Deus", "corpo de Cristo" e "templo do Espírito Santo". De fato, a Igreja é chamada a ser o corpo histórico do Ressuscitado e, por isso, se deixa inspirar e sustentar pelo Espírito Santo, que a conduz pelos caminhos do Evangelho no seguimento de Jesus. Nesse percurso, portanto, "o conjunto dos fiéis, ungidos que são pela unção do Santo (cf. 1Jo 2,20.27), não pode enganar-se no ato de fé. E manifesta essa sua peculiar propriedade mediante o senso sobrenatural da fé de todo o povo, quando, 'desde os bispos até os últimos fiéis leigos', apresenta um consenso universal sobre questões de fé e costumes" (LG, n. 12).

O "senso de fé dos fiéis" constitui, portanto, uma das mais preciosas heranças de nossa mais genuína tradição. É por essa razão que, segundo Francisco, "cada batizado é um sujeito ativo de evangelização" (EG, n. 120). Esse "senso de fé", portanto, não nos permite separar rigidamente na Igreja alguns que só ensinam de outros que apenas aprendem, pois, como tem insistido Francisco, o rebanho também possui a própria intuição para discernir as estradas que o Senhor dispõe para sua Igreja.

2.2 A "recepção" do *sensus fidei* na *Amoris Lætitia*

Gostaríamos de sublinhar, a título de exemplo, o processo de "recepção" da doutrina do *sensus fidei* na Exortação Apostólica

Pós-Sinodal sobre a Família, *Amoris Lætitia* (AL). Como é sabido, a *Amoris Lætitia* vem suscitando discussões acaloradas, sobretudo, entre os próprios membros da hierarquia, incluindo cardeais que tomaram assento nas duas sessões – extraordinária e ordinária – do Sínodo sobre a família. E isso se deve, fundamentalmente, a dois motivos, segundo nos parece. O primeiro por ocupar-se de um tema moral. E, a esse propósito, nos últimos dois séculos a Igreja parece ter engolido a isca que lhe foi lançada pela Modernidade europeia ilustrada: relegá-la aos estreitos limites da simples moral, como, de fato, havia proposto Kant. O segundo motivo consiste no fato de a exortação abordar questões relacionadas a matrimônio e família no contexto de um paradigma alternativo – paradigma do amor – ao que se tinha tornado vigente nos últimos séculos, o paradigma da procriação.

De fato, a perspectiva assumida pela exortação é aquela do sábio mestre que, segundo Jesus, sabe extrair do seu tesouro coisas novas e coisas velhas (*vetera et nova*). Nesse sentido, Francisco não concebe a realidade complexa e desafiadora do matrimônio e da família apenas como problema a ser resolvido, mas, sobretudo, como ocasião propícia para se repensar a relação da Igreja com a família e, por extensão, da Igreja com o mundo. Recuperando, assim, o que havia já proposto na *Evangelii Gaudium*, o papa está convencido de que uma evangelização que se pretenda nova não poderá seguir trilhando as já desgastadas vias do autoritarismo e do moralismo.

Em primeiro lugar, Francisco não concebe a família desvinculada do mundo no qual se encontra. Desdobrando o princípio do primado do tempo sobre o espaço, já explicitado e proposto na *Evangelii Gaudium*, o papa propõe um caminho eclesial a ser percorrido em clima de liberdade e diálogo. Por essa razão, não concebe o texto da exortação como emanação de uma palavra definitiva. Ao contrário, seriam palavras inaugurais de um longo processo caracterizado por três atitudes: escuta, acolhida, integração. E, na sequência, no contexto das perspectivas pastorais propõe três passos, expressos por três verbos: acompanhar, discernir, integrar.

Francisco insiste na importância de se privilegiar os itinerários alternativos em vez de se focar na ocupação de territórios e espaços. Desconstrói, em outras palavras, aquela compreensão esclerosada de estados estanques, separados e, pior ainda, contrapostos. Assim, por exemplo, ele sugere que consideremos o itinerário que nos levará do pecado à graça em vez de nos determos na atitude que se restringe a estados – estado de pecado ou estado de graça. Os estados, assim como nos foram ensinados, se apresentam como reciprocamente excludentes: ou se está em estado de pecado ou, ao contrário, em estado de graça. Essa visão fragmentada e excludente não nos permitirá jamais experimentar aquilo que São Paulo testemunha de maneira enfática: "Mas, onde o pecado se multiplicou, mais abundante tornou-se a graça" (Rm 5,20b).

Outro elemento que gostaríamos de destacar na interpretação da *Amoris Lætitia* é a autocrítica que a exortação faz da postura assumida pelo magistério nas últimas décadas, no tocante às questões relacionadas a matrimônio e família. O texto afirma com todas as letras que o magistério não pode ter a pretensão de resolver todos os problemas que surgem nesse campo. O papa chega a pedir perdão aos casais pelas vezes em que o magistério lhes impôs normas pesadas com a força da autoridade ou se limitou a insistir em denúncias retóricas. Reconhece que o modo de apresentar a doutrina sobre matrimônio e família e a maneira de tratar as famílias em situações não ideais acabou justamente promovendo aquelas situações que hoje reprovamos.

Identifica ainda que a apresentação da doutrina se deu de maneira demasiadamente abstrata e confessa que a idealização constitui uma agressão. Talvez fosse o caso, aqui, de salientar essa afirmação do papa de que as idealizações e a insistência na afirmação de princípios constituem, ao fim e ao cabo, uma verdadeira agressão à sensibilidade de quem se encontra no burburinho da experiência e, muitas vezes, não tem condições de saltar do real ao ideal em um toque de mágica.

É nesse preciso contexto que o papa chama a atenção para a imprescindibilidade do *sensus fidei fidelium* no interior do processo de compreensão integral do chamado "depósito da fé". No caso específico da fé cristã, a autoridade genuína brota, sobretudo, das testemunhas. E, em se falando de matrimônio e família, as verdadeiras testemunhas são os casais e não os pastores. O papa chega a dizer que os pastores necessitam ouvir os casais para receberem, por meio do testemunho deles, a Boa-Nova cristã do matrimônio e da família. Nesse sentido, Francisco sustenta de maneira contundente que o percurso da pessoa é parte constitutiva da autoridade da Igreja. Não se pode, portanto, identificar o Magistério da Igreja com um conjunto objetivo e rígido de normas e princípios. A tradição viva da Igreja se constrói histórica e processualmente mediante fidelidades e infidelidades de pessoas e comunidades que vão discernindo, à luz da fé, opções, processos e o próprio percurso ao longo dos tempos.

Salientamos ainda a proposição da consciência pessoal como espaço sacratíssimo e, portanto, inviolável de discernimento acerca dos desígnios de Deus a nosso respeito. A esse propósito, Francisco escreve de maneira enfática: "Também nos custa deixar espaço à consciência dos fiéis, que muitas vezes respondem o melhor que podem ao Evangelho no meio dos seus limites e são capazes de realizar o próprio discernimento perante situações onde se rompem todos os esquemas. Somos chamados a formar as consciências, não a pretender substituí-las" (AL, n. 37).

2.3 A sinodalidade como maneira de toda a Igreja ser

Reconhecendo ser o Sínodo "um dos legados mais preciosos do Concílio Vaticano II", Francisco tem afirmado que "o caminho da sinodalidade é precisamente o caminho que Deus espera da Igreja no terceiro milênio"[1]. De fato, São João Crisóstomo escreve que "Igreja e Sínodo são sinônimos", posto ser Igreja "povo de Deus" a caminho e sínodo, etimologicamente, significa "caminhar juntos".

Lembrados de que escutar é bem mais do que apenas ouvir, uma Igreja sinodal se caracterizará pela "escuta recíproca", pois só escutaremos o Espírito Santo se nos dispormos à escuta uns dos outros. Essa é, de fato, a advertência frequente de Francisco: "Cada um à escuta dos outros, todos à escuta do Espírito Santo". O caminho sinodal começa, todavia, por escutar o povo de Deus, lembrando-se de um princípio caro à Igreja antiga: "Aquilo que diz respeito a todos deve ser tratado por todos". É preciso exercitar-se, portanto, na escuta recíproca, e segundo o papa: "Pedir ao Espírito Santo, o dom da escuta: escuta de Deus até ouvir com ele o grito do povo; escuta do povo, até respirar nele a vontade a que Deus nos chama". Trata-se, portanto, da acolhida e do exercício do dom da escuta, que nos fará experimentar a relação íntima entre "grito do povo" e "vontade de Deus".

Esse percurso sinodal torna-se, enfim, ocasião propícia para a Igreja se tornar, como nos ensina o Vaticano II, sacramento – sinal e instrumento – do Reino de Deus no mundo. Nesse sentido, no contexto específico em que vivemos, somos chamados, enquanto Igreja, a testemunhar e a defender os valores da participação e comunhão em todos os níveis. Trata-se, concretamente, de: assumir novas relações com todos os seres vivos que habitam nossa "casa comum",

---

1. As frases colocadas entre aspas neste item 2.3 correspondem a afirmações do próprio Papa Francisco, proferidas em seu discurso por ocasião da comemoração do cinquentenário da instituição do Sínodo dos Bispos, em 17 de outubro de 2015, disponível em: https://www.vatican.va/content/francesco/pt/speeches/2015/october/documents/Papa-francesco_20151017_50-anniversario-sinodo.html, acesso em: jun. 2023.

empenhando-nos na luta contra toda forma de injustiça socioambiental; solidarizar-se com pobres e excluídos, reconhecendo-os interlocutores nossos e não apenas destinatários; defender a democracia contra todo tipo de autoritarismo.

Conclusão: "Uma Igreja pobre e para os pobres"

Na Exortação Apostólica *Evangelii Gaudium*, escrita no intuito de "indicar caminhos para o percurso da Igreja nos próximos anos" (EG, n. 1), Francisco revela o cerne de seu projeto eclesial: Igreja em saída para as periferias do mundo. E, como consequência, insiste na imprescindibilidade de se optar pelos pobres como condição da realização desse projeto de "uma Igreja pobre e para os pobres". Gostaríamos de destacar algumas afirmações de Francisco a esse propósito, presentes na *Evangelii Gaudium*.

Retomando a *Evangelii Nuntiandi*, ele insiste na "conexão íntima que existe entre evangelização e promoção humana" (EG, n. 178) e afirma que, "no coração de Deus, ocupam lugar preferencial os pobres [...] todo o caminho de nossa redenção está assinalado pelos pobres" (EG, n. 197). E, por essa razão, "para a Igreja, a opção pelos pobres é mais uma categoria teológica que cultural, sociológica, política ou filosófica [...] essa preferência divina tem consequências na vida de fé de todos os cristãos" (EG, n. 198). Como, de resto, havia já escrito: "Não devem subsistir dúvidas nem explicações que debilitem esta mensagem claríssima. Hoje e sempre, os pobres são os destinatários privilegiados do Evangelho, e a evangelização dirigida gratuitamente a eles é sinal do Reino que Jesus veio trazer. Há que afirmar sem rodeios que existe um vínculo indissolúvel entre nossa fé e os pobres" (EG, n. 48). De tal forma que "a falta de solidariedade, nas suas [dos pobres] necessidades, influi diretamente sobre nossa relação com Deus" (EG, n. 187).

Referências

PAPA FRANCISCO. *Comemoração do cinquentenário da instituição do Sínodo dos Bispos. Discurso do Santo Padre Francisco*. Disponível em: https://www.vatican.va/content/francesco/pt/speeches/2015/october/documents/Papa-francesco_20151017_50-anniversario-sinodo.html. Acesso em: jun. 2023.

_____. *Exortação Apostólica* Evangelii Gaudium. *Sobre o anúncio do Evangelho no mundo atual*. Disponível em: https://www.vatican.va/content/francesco/pt/apost_exhortations/documents/Papa-francesco_esortazione-ap_20131124_evangelii-gaudium.html. Acesso em: jun. 2023.

_____. *Exortação Apostólica Pós-sinodal* Amoris Lætitia. *Sobre o amor na família*. Disponível em: https://www.vatican.va/content/francesco/pt/apost_exhortations/documents/Papa-francesco_esortazione-ap_20160319_amoris-laetitia.html. Acesso em: jun. 2023.

Capítulo 3

Papa Francisco e a internet: lucidez e esperança na análise do mundo digital

Pe. Marlone Pedrosa

Introdução

No intuito de cumprir sua missão evangelizadora, a Igreja tem empregado os meios de comunicação social para difundir de forma mais eficiente a mensagem de salvação do Reino. No decreto *Inter Mirifica* (IM), promulgado pelo Concílio Vaticano II, são reconhecidos o amplo alcance e a significativa influência exercida por esses meios na vida individual e na sociedade em geral, bem como a responsabilidade da Igreja em utilizá-los em seu exercício pastoral (IM, n. 1, 3).

Ao longo da história, os sumos pontífices têm se empenhado na utilização e na orientação da Igreja no emprego desses meios no contexto cristão. Leão XIII foi o primeiro papa a ter sua voz gravada e, em 1896, o primeiro a ser filmado por uma câmera de cinema; Pio XI, em 1931, inaugurou a rádio vaticana e proferiu o primeiro discurso de um pontífice transmitido por meio radiofônico; em 1949, Pio XII foi o primeiro papa a falar em uma transmissão televisiva.

A partir de 1990, a humanidade testemunha a difusão global de um fenômeno notável: a internet. Em pouco tempo, ela se torna parte integrante e proeminente da vida cotidiana, revelando suas potencialidades e seus desafios. Em consonância com essa promissora era digital, o Papa João Paulo II envia seu primeiro e-mail em 1995, enquanto o Papa Bento XVI aceita o desafio de evangelizar por meio das redes sociais e publica seu primeiro *tweet* na conta @Pontifex em 2012.

Nesse percurso, Francisco chega ao pontificado em março de 2013, deparando-se com todas as influências positivas e negativas advindas dessa era digital, que provoca "mudanças fundamentais nos modelos de comunicação e nas relações sociais" (BENTO XVI, 2009). O papa tem se mostrado muito atento às questões trazidas pelo advento da internet e suas implicações para a fé e a sociedade de modo geral.

Neste texto, objetivamos apresentar o posicionamento do Papa Francisco em relação à internet e à era digital por meio da análise de alguns de seus escritos[1] e discursos no decorrer dos dez anos de seu pontificado. Para tanto, selecionamos alguns tópicos relevantes abordados pelo papa que refletem suas principais preocupações em relação a esse tema, tais como: a dinâmica dos encontros, família, ética, *fake news*, testemunho, missão e liturgia. Discutiremos os posicionamentos e as orientações do pontífice ao lidar com as questões trazidas pela internet em relação a esses tópicos, e sua reflexão sobre o papel da Igreja na era digital e a postura dos fiéis diante das novas

---

1. Fontes importantes para essas análises são as Mensagens para o Dia Mundial das Comunicações Sociais. Esse dia comemorativo foi proposto pelo decreto *Inter Mirifica*, do Concílio Vaticano II (IM, n. 18). Assim, a cada ano, por ocasião desse dia, desde 1967, o papa escreve uma mensagem abordando algum aspecto importante dos meios de comunicação. Lembramos que em 2009, pela primeira vez, com a mensagem intitulada "Novas tecnologias, novas relações. Promover uma cultura de respeito, de diálogo, de amizade", Bento XVI escreve sobre a tecnologia digital, onde reconhece sua importância e influência transformadora na sociedade, sobretudo entre os jovens, a quem denomina "geração digital" (BENTO XVI, 2009).

tecnologias. Concluiremos abordando as implicações do discurso de Francisco sobre a internet para a Igreja e a sociedade em geral.

1 Conexão "com" e "na" rede digital

Em seu pontificado, Papa Francisco analisa com muita lucidez a internet e seu papel nas mudanças estruturais do mundo atual. Demonstra ciência da digitalização da sociedade moderna, aponta desafios advindos de seu uso e popularização, assim como indica as grandes possibilidades que esse meio traz quando bem usado. Na Exortação Apostólica Pós-Sinodal *Christus Vivit* (CV), de 2018, citando o Documento Final da XV Assembleia Geral Ordinária do Sínodo dos Bispos, cujo tema é "Os jovens, a fé e o discernimento vocacional", Francisco afirma:

> O ambiente digital caracteriza o mundo contemporâneo. Amplas faixas da humanidade estão imersas nele de maneira ordinária e contínua. Já não se trata apenas de "usar" instrumentos de comunicação, mas de viver em uma cultura amplamente digitalizada, que afeta de modo muito profundo a noção de tempo e espaço, a percepção de si mesmo, dos outros e do mundo, o modo de comunicar, de aprender, de informar-se, de entrar em relação com os outros. Uma abordagem da realidade que tende a privilegiar a imagem relativamente à escuta e à leitura, influencia o modo de aprender e o desenvolvimento do sentido crítico (CV, n. 86).

O papa entende que a internet afeta diretamente a sociedade, pois muda a cultura, interferindo na maneira do ser humano estar no mundo e interagir com ele, modificando assim o ato de comunicar, relacionar, informar, aprender, ensinar, divertir, crer etc.

Diante de uma ferramenta tão importante e portadora de tantas possibilidades, Francisco, assim como seus dois predecessores, utiliza-se da internet para evangelizar e se conectar com os cristãos, em um esforço de aproximação e inculturação digital. Além de manter ativa a conta do Twitter[2], aberta por Bento XVI, Francisco, em novembro de 2014, lança o *Click to Pray*, aplicativo para smartphone onde os usuários compartilham suas orações e se unem em oração com pessoas ao redor do mundo. Esse aplicativo traz também as intenções de oração mensais do papa. Em 19 de março de 2016, dia de São José, é ativada a conta oficial no Instagram, *@Franciscus*[3], e desde então o papa tem se utilizado dela para publicações diversas. Também em 2016, a Obra Pontifícia Rede Mundial de Oração do Papa lança o projeto Vídeo do Papa[4], no qual, mensalmente, o Papa Francisco expõe suas tradicionais intenções de oração para o mês em questão, sendo divulgado nas principais plataformas digitais, como Facebook, Twitter, Instagram, YouTube.

É possível concluir que Francisco não apenas possui conexão com as realidades e desafios advindos do uso da internet na sociedade contemporânea, mas também está presente e ativo – conectado – ao mundo digital; mundo que encurta demasiadamente as distâncias físicas, tornando-se ambiente singular de encontros. Esta é a temática abordada no tópico a seguir.

---

2. Nos anos de 2013 e 2014, as Edições CNBB lançam uma coletânea em dois volumes dessas mensagens, intitulada "Papa Francisco – As mensagens do Papa no Twitter", abrangendo as postagens do papa no período entre 17 de março de 2013 e 16 de maio de 2014. Somente a versão em português dessa conta no Twitter possui hoje cerca de 18 milhões de seguidores.
3. Essa conta possui atualmente cerca de 1.500 publicações e contabiliza 9 milhões de seguidores.
4. Segundo o site dessa obra pontifícia (www.thepopevideo.org), "desde 2016, 'O Vídeo do Papa' teve mais de 196 milhões de visualizações em todas as redes sociais do Vaticano, foi traduzido para mais de 23 idiomas e tem cobertura da imprensa em 114 países".

2 Lugar de encontro e diálogo

Os meios digitais encurtam as distâncias, tornando-nos mais próximos uns dos outros, possibilitando encontros, estreitando laços afetivos, permitindo um aumento exponencial do leque de possibilidades de relacionamento interpessoal. "A *web* e as redes sociais criaram uma nova maneira de se comunicar e criar laços" (CV, n. 87). Porém essa facilidade traz em si alguns desafios.

Refletindo sobre isso, Francisco, no ano de 2014, em sua primeira mensagem para o Dia Mundial das Comunicações Sociais, intitulada "Comunicação a serviço de uma autêntica cultura do encontro", enfatiza que "a internet pode oferecer maiores possibilidades de encontro e de solidariedade entre todos; e isso é uma coisa boa, é um dom de Deus". No entanto, elenca alguns "aspectos problemáticos", tais como: nossa deficitária capacidade de reflexão e discernimento ante a grande velocidade de informações; alienação e consequente fechamento em nossas ideias ou no âmbito de interesses políticos e econômicos; desorientação ao invés de crescimento; isolamento do próximo ante o desejo de conexão digital; exclusão daqueles que não têm acesso ao digital; indução ao consumo e à manipulação de pessoas (FRANCISCO, 2014a).

Apesar de ter consciência desses "aspectos problemáticos", Francisco mostra-se atento à qualidade dos encontros que se realizam via redes digitais e, instigado pela pergunta feita a Jesus por um escriba – "E quem é meu próximo?" (Lc 10,29) –, inspira-se na parábola do samaritano e convida à elaboração de uma "cultura do encontro", em que o contato com o outro mediado pela internet não ignora a realidade do próximo. "Não basta circular pelas estradas digitais, isto é, simplesmente estar conectados, é necessário que a conexão seja acompanhada pelo encontro verdadeiro", sublinha o papa (FRANCISCO, 2014a).

Embora o funcionamento desses dispositivos dependa de um aparato tecnológico, é importante ressaltar que por trás de cada celular, tablet, notebook ou computador há um ser humano que não pode viver isolado e necessita de amor, ternura e afeto. Afirma o papa: "A rede digital pode ser um lugar rico de humanidade: não uma rede de fios, mas de pessoas humanas" (FRANCISCO, 2014a). Abordando ainda a gama de possibilidades de encontros diversos, possibilitados pelas tecnologias modernas, e ciente das consequências que podem advir desse fato, Francisco reconhece:

> As redes sociais são capazes de favorecer as relações e promover o bem da sociedade, mas podem também levar a uma maior polarização e divisão entre as pessoas e os grupos. O ambiente digital é uma praça, um lugar de encontro, onde é possível acariciar ou ferir, realizar uma discussão proveitosa ou um linchamento moral (FRANCISCO, 2016b).

Para garantir a qualidade dessas relações via meio digital e instruir aqueles que se utilizam desses meios para se comunicar de forma mais efetiva, Francisco lembra a importância da abertura ao diálogo sincero, esclarecendo que "dialogar não significa renunciar às próprias ideias e tradições, mas à pretensão de que sejam únicas e absolutas" (FRANCISCO, 2014a). O papa explica que o processo de uma boa comunicação exige escuta, acolhimento e proximidade com o outro, que não é mero usuário, espectador ou consumidor (FRANCISCO, 2016b).

Porém, no que tange às relações humanas, Francisco entende que a internet pode expor o sujeito "ao risco de dependência, isolamento e perda progressiva de contato com a realidade concreta, dificultando o desenvolvimento das relações interpessoais autênticas" (CV, n. 88). Assim, entende que o encontro digital não deve substituir o realizado em "carne e osso" – o que constituiria grande risco de autoisolamento do indivíduo –, mas ser um complemento desse encontro. A internet apresenta muitas possibilidades interessantes quando utilizada como esse recurso complementar ao encontro. Sobre essa temática no uso do meio digital como um recurso complementar aos encontros, o papa escreve na mensagem ao 53º Dia Mundial das Comunicações Sociais de 2019:

> Se a rede for usada como prolongamento ou expectativa de tal encontro, então não se atraiçoa a si mesma e permanece um recurso para a comunhão. Se uma família utiliza a rede para estar mais conectada, para depois se encontrar à mesa e olhar-se olhos nos olhos, então é um recurso. Se uma comunidade eclesial coordena a sua atividade por meio da rede, para depois celebrar juntos a Eucaristia, então é um recurso. Se a rede é uma oportunidade para me aproximar de casos e experiências de bondade ou de sofrimento distantes fisicamente de mim, para rezar juntos e, juntos, buscar o bem na descoberta daquilo que nos une, então é um recurso (FRANCISCO, 2019b).

Francisco compreende a dimensão do desafio da convivência humana, seja no contato direto, seja pela internet. No entanto, condena o isolamento, o egoísmo e incentiva a realização de encontros, imprescindíveis à humanidade. Na Exortação Apostólica *Evangelii Gaudium* (EG), de 2013, afirma:

> Neste tempo em que as redes e demais instrumentos da comunicação humana alcançaram progressos inauditos, sentimos o desafio de descobrir e transmitir a "mística" de viver juntos, misturar-nos, encontrar-nos, dar o braço, apoiar-nos, participar nesta maré um pouco caótica que pode transformar-se em uma verdadeira experiência de fraternidade, em uma caravana solidária, em uma peregrinação sagrada. Assim, as maiores possibilidades de comunicação traduzir-se-ão em novas oportunidades de encontro e solidariedade entre todos. Como seria bom, salutar, libertador, esperançoso, se pudéssemos trilhar este caminho! Sair de si mesmo para se unir aos outros faz bem. Fechar-se em si mesmo é provar o veneno amargo da

imanência, e a humanidade perderá com cada opção egoísta que fizermos (EG, n. 87).

3 Família

Lugar privilegiado de encontro e comunhão é o âmbito familiar. O próprio Francisco, na Exortação Apostólica *Amoris Lætitia* (AL): sobre o amor em família, de 2016, afirma que "a família é imagem de Deus, que [...] é comunhão de pessoas" (AL, n. 71). Essa instituição vem passando, ultimamente, por algumas modificações em sua configuração. Egoísmo, hedonismo, vida acelerada, estresse, choque entre gerações, crise da autoridade paterna, são alguns traços da pós-modernidade detectados na conjuntura familiar atual (AL, n. 32-33). A internet afeta de forma direta a dinâmica do convívio familiar. Esse processo se dá de forma contínua e veloz.

Desde 1991, quando é criada a primeira página *web*, o acesso e o uso da internet pelas pessoas tiveram um rápido e abrangente avanço mundial. Somente no Brasil em 2021, a internet foi usada por 84,7% da população com mais de 10 anos de idade, estando presente em 90% dos domicílios do país[5] (SILVA, 2022).

Essa presença maçante da internet no cotidiano tem mudado a estrutura de convivência nos lares e, consequentemente, a relação entre os membros da família. Se, por um lado, as redes digitais permitem aproximação e contato maior entre familiares geograficamente distantes, por outro traz o risco de distanciamento daqueles que habitam o mesmo ambiente doméstico, minando o tempo de convívio e produzindo isolamento dos membros.

Papa Francisco constata a mudança dessa dinâmica familiar, fazendo deste assunto o tema de sua carta ao 49º Dia Mundial das

---

5. Dados da Pesquisa Nacional por Amostra de Domicílios Contínua (Pnad C) feita no 4º trimestre de 2021 e divulgada pelo IBGE em 2021.

Comunicações Sociais, de 2015: "Comunicar a família: ambiente privilegiado do encontro na gratuidade do amor". Nela, o pontífice reconhece o uso da internet nos tempos modernos como algo irrenunciável, sobretudo às gerações mais jovens, podendo dificultar ou ajudar na comunicação familiar, dependendo do uso que se fizer dela. Ao abordar a influência dos meios modernos na questão da comunicação em família e entre as famílias, esclarece:

> Podem-na dificultar, se se tornam uma forma de se subtrair à escuta, de se isolar, apesar da presença física, de saturar todo o momento de silêncio e de espera; e podem-na favorecer, se ajudam a narrar e compartilhar, a permanecer em contato com os de longe, a agradecer e pedir perdão, a tornar possível sem cessar o encontro (FRANCISCO, 2015).

Nessa mesma carta, ressalta a importância de a família desenvolver um relacionamento consciente com as tecnologias, não se deixando arrastar por elas, discernindo as consequências advindas desse uso para o convívio em um lar.

Francisco entende que a sociedade passou por uma profunda transformação e a família evoluiu com ela, de modo que certas dinâmicas de antes não se aplicam mais ao contexto atual. Ainda nessa carta de 2015, o papa faz um esperançoso convite: "Não lutemos para defender o passado, mas trabalhemos com paciência e confiança, em todos os ambientes onde diariamente nos encontramos, para construir o futuro" (FRANCISCO, 2015).

4 Ética e *fake news*

A internet não apenas fornece um ambiente propício para interações sociais, mas também amplifica significativamente a capacidade de comunicação da humanidade. Seu advento e popularização democratizam, de certa forma, a produção e a divulgação de notícias.

Qualquer indivíduo com acesso à infraestrutura digital tem a capacidade de produzir e divulgar conteúdo sobre uma ampla variedade de tópicos para um público global. Embora isso possa parecer demasiadamente positivo, também fornece um terreno fértil para a disseminação de informações falsas, conhecidas como *fake news*. Francisco demonstra preocupação com a disseminação da desinformação na internet, sendo este um assunto recorrente em seus pronunciamentos. Dedica a esta temática a mensagem para o 52º Dia Mundial das Comunicações Sociais: "'A verdade vos tornará livres' (Jo 8,32). *Fake news* e jornalismo de paz". Nela, o próprio papa dá uma definição do termo *fake news* como sendo "informações infundadas, baseadas em dados inexistentes ou distorcidos, tendentes a enganar e até manipular o destinatário". Alerta que a internet pode ser usada para difundir tais notícias e manipular as opiniões das pessoas, influenciando opções políticas e favorecendo lucros econômicos (FRANCISCO, 2018).

Segundo o papa, isso se dá pelo fato de haver interação das pessoas em ambientes digitais muito homogêneos e fechados a ideias e opiniões divergentes; "estes circuitos fechados facilitam a divulgação de informações e notícias falsas, fomentando preconceitos e ódio" (CV, n. 89). Devido à falta de verificação das informações veiculadas por meio dessas plataformas, os usuários, mesmo aqueles com boas intenções, ao compartilhar notícias sem a devida análise crítica de sua veracidade, correm o "risco de se tornar atores involuntários na difusão de opiniões tendenciosas e infundadas" (FRANCISCO, 2018).

O fenômeno da desinformação apresenta-se como motivo de preocupação para o papa, porque cria distorções na mente das pessoas. A dificuldade em distinguir o verdadeiro do falso pode comprometer a vivência de uma comunhão fraterna, uma vez que cada indivíduo tende a se fechar no próprio mundo, moldado de acordo com suas preferências e escolhas pessoais, em vez de ser guiado pela verdade. Francisco constata: "A proliferação das *fake news* é expressão de uma cultura que perdeu o sentido da verdade e submete os fatos a interesses particulares. A reputação das pessoas está em perigo diante de julgamentos sumários em série. O fenômeno também afeta a Igreja e seus pastores" (CV, n. 89).

O papa equaciona a responsabilidade entre todos os usuários da rede e afirma que, tanto os que difundem quanto os que recebem conteúdos, têm o dever de lutar contra a desinformação (FRANCISCO, 2018).

Por se tratar de notícias não condizentes com a verdade, as *fakes news* destoam da Boa-Nova de Jesus e constituem um contratestemunho cristão tanto para os que as produzem quanto para os que as divulgam. O cristianismo conclama seus adeptos a uma coerência entre os ensinamentos recebidos e a prática de vida, como um compromisso com o testemunho e a mensagem do Reino. Abordaremos este tema em nosso próximo tópico.

5 Compromisso com o testemunho e a "boa notícia"

Jesus ressuscitado, no último colóquio com seus discípulos, narrado no primeiro capítulo do livro dos Atos dos Apóstolos, antes de sua ascensão, exorta àqueles que continuarão sua missão: "Sereis minhas testemunhas... até os confins da terra" (At 1,8). Sendo a internet um território de evangelização, qual a postura cristã a ser adotada nas redes digitais? Que atitudes um crente poderia cultivar para testemunhar concretamente sua fé? Francisco afirma de forma recorrente a importância do testemunho cristão nas redes, e esclarece:

> O testemunho cristão não se faz com o bombardeio de mensagens religiosas, mas com a vontade de se doar aos outros por meio da disponibilidade para se deixar envolver, pacientemente e com respeito, em suas questões e dúvidas, no caminho de

busca da verdade e do sentido da existência humana (FRANCISCO, 2014a).

O compromisso com o testemunho cristão deve se fazer presente na maneira como o fiel se comporta nas redes, sobretudo com o teor daquilo que se busca, comenta, compartilha ou produz. Nesse contexto, o papa reitera a importância da responsabilidade individual, pois o conteúdo visualizado ou produzido por um indivíduo nas redes digitais é resultado de uma escolha pessoal. Pesquisas indicam que conteúdos sensacionalistas, com enfoque em violência, como guerras, terrorismo, escândalos e outras formas de falência nas vicissitudes humanas, apresentam alta taxa de acesso nas redes sociais. Há certa espetacularização do mal.

Papa Francisco diz ser necessário "romper o círculo vicioso da angústia e deter a espiral do medo", causadora de certa apatia diante da realidade e da impressão da impossibilidade de se colocar limites ao mal. O mal não deve ter o papel protagonista, alerta o pontífice, mas deve-se procurar "evidenciar as possíveis soluções, inspirando uma abordagem propositiva e responsável nas pessoas a quem se comunica" (FRANCISCO, 2017). Francisco ainda alerta sobre o surgimento de novas formas de violência por meio das redes sociais, como o *cyberbullying*, a difusão da pornografia e a exploração de pessoas para fins sexuais ou mediante jogos de azar (CV, n. 88).

Com o objetivo de combater a disseminação de conteúdo negativo, o papa convida a oferta de relatos repletos da "boa notícia" na internet. Ele espera que o próprio Evangelho de Jesus sirva como uma lente para enxergar a realidade, uma vez que esta não possui um significado unívoco (FRANCISCO, 2017).

Essa boa notícia também se processa por meio do advento, por meio das redes, de lutas em favor dos menos favorecidos e discriminados. Nesse sentido, Francisco lembra: "O ambiente digital é um contexto de participação sociopolítica e de cidadania ativa, e pode facilitar a circulação de informações independentes, capazes de proteger com eficácia as pessoas mais vulneráveis, expondo as violações de seus direitos" (CV, n. 87).

6 Missão

O testemunho de Cristo, conforme analisado, passa pelo anúncio de sua Boa-Nova e tem destaque nos pronunciamentos do papa. A Exortação Apostólica *Evangelii Gaudium*, entre vários temas de relevo, delineia outra característica marcante do pontificado do Papa Francisco: a importância da missão na Igreja para o cumprimento de seu mandato divino[6].

O pontífice convoca a Igreja a uma autêntica conversão pastoral, superando o comodismo e o fechamento para ser uma Igreja "em saída". Uma Igreja missionária é um forte desejo do pontífice; um lugar de fraterna acolhida dos fiéis, que vá ao encontro dos pobres, excluídos e abandonados.

No intuído de alcançar tal objetivo, o papa afirma: "Prefiro uma Igreja acidentada, ferida e enlameada por ter saído pelas estradas, a uma Igreja enferma pelo fechamento e a comodidade de se agarrar às próprias seguranças" (EG, n. 49). Como assumir esse jeito de ser Igreja na internet? Esse estilo de pastoral é compatível com o ambiente digital? Inspirado nessa citação anterior da *Evangelii Gaudium* n. 49, Francisco esclarece:

> Entre uma Igreja acidentada que sai pela estrada e um Igreja doente de autorreferencialidade, não hesito em preferir a primeira. E quando falo de estrada penso nas estradas do mundo onde as pessoas vivem... Entre essas estradas estão também as

---

6. Cf. capítulo 1 da Exortação Apostólica *Evangelii Gaudium*: "A transformação missionária da Igreja", 19-43.

digitais, congestionadas de humanidade, muitas vezes ferida: homens e mulheres que procuram uma salvação ou uma esperança. Também graças à rede, pode a mensagem cristã viajar "até os confins da terra" (At 1,8). Abrir as portas da Igreja significa também abri-las no ambiente digital... (FRANCISCO, 2014a).

Dessa forma, Francisco conclama a Igreja a se fazer presente no mundo moderno, dialogando com o homem de hoje onde quer que ele esteja, seja em ambiente físico, seja digital, levando-o ao encontro com Cristo, pois "uma Igreja companheira de estrada sabe pôr-se a caminho com todos" (FRANCISCO, 2014a).

7 Liturgia e pandemia

Abordaremos, por fim, o uso da internet no período da pandemia da Covid-19 e como Francisco vê seu uso nas celebrações litúrgicas.

No início de dezembro de 2019, é destaque na imprensa mundial o registro, em um hospital de Wuhan, na China, dos primeiros casos de uma nova infecção respiratória ocasionada por um tipo, até então desconhecido, de coronavírus. Surge então uma nova doença, a Covid-19. O mundo inteiro assiste ao rápido alastramento dessa infecção. De doença local, passa para epidemia e, logo depois, para pandemia, atingindo praticamente todos os países do planeta. A gravidade dessa enfermidade, representada por fácil contágio e alta letalidade, força nações a adotarem medidas urgentes e radicais de controle e prevenção do coronavírus, dentre elas o *lockdown*[7] e o isolamento social.

---

[7] "Refere-se ao bloqueio total de uma região, imposto pelo Estado ou pela Justiça. É a medida mais rígida adotada durante situações extremas, como uma pandemia" (TEIXEIRA, 2021).

Essas medidas mudam radicalmente a dinâmica mundial em termos sociais e econômicos. A Igreja sofreu de imediato as consequências, tais como morte de religiosos e fiéis, fechamento dos templos para celebrações litúrgicas de qualquer natureza, proibição de atendimento a doentes etc.

Nesse contexto de isolamento obrigatório, a internet surge como a alternativa mais plausível e eficaz para manutenção do contato dos fiéis entre si, com os ministros sagrados e as celebrações. Passa a ser o "templo por excelência", lugar de encontro dos fiéis com sua comunidade e com o sagrado. Há um aumento exponencial das transmissões pelas redes sociais de celebrações eucarísticas, orações, vigílias, formações e todo tipo de manifestação religiosa.

Papa Francisco sensibiliza-se da situação e, em uma de suas catequeses sobre a pandemia, afirma que "um novo encontro com o Evangelho da fé, da esperança e do amor convida-nos a assumir um espírito criativo e renovado" (FRANCISCO, 2020a). Há um incentivo e uma grande adesão por parte das paróquias e dos cristãos de fazerem uso dos meios digitais para a prática religiosa. O papa percebe como são úteis as ferramentas tecnológicas e as redes sociais nesse período de isolamento para promover encontros, mediar o contato com a Palavra de Deus em comunidade, celebrar a Eucaristia, manter proximidade com os enfermos, realizar ações caritativas etc.

Esse incentivo se dá em um contexto extraordinário de pandemia. No entanto, fora dessa situação extrema, o pontífice valoriza e ressalta a importância da presença física na participação dos fiéis na celebração eucarística e demais ações da Igreja. No prefácio escrito para o livro *A Igreja no mundo digital*, de Fabio Bolzetta, lançado em 2022, Francisco pondera:

> O encontro virtual não substitui e jamais poderá substituir aquele em presença. Estarmos fisicamente presentes ao partir o pão eucarístico e o pão da caridade, o olhar nos olhos um do outro, o abraçar-se, o estar um ao lado do outro ao servir Jesus

nos pobres, apertando a mão dos doentes, são experiências que pertencem à nossa experiência diária e nenhuma tecnologia ou rede social jamais poderá substituí-las (COLLET, 2022).

Conclusão

Além de demonstrar uma compreensão lúcida dos desafios que a internet apresenta à humanidade, Papa Francisco se destaca por sua perspectiva otimista e esperançosa em relação às possibilidades positivas que o mundo digital oferece. Convida os cristãos a embrenharem-se no apaixonante desafio que requer um frescor de energia e imaginação renovada, a fim de transmitir aos outros a beleza de Deus.

O impacto do posicionamento do Papa Francisco sobre a internet para a Igreja Católica tem sido significativo, pois se mostra sensível às consequências advindas do avanço tecnológico, ao mesmo tempo que incentiva os líderes da Igreja a utilizarem as redes sociais e outras ferramentas *online* para se comunicar com os fiéis e atingir novas audiências. Ele próprio tem uma forte presença nas redes sociais, onde compartilha mensagens de esperança e compaixão com seus seguidores em todo o mundo.

Além disso, Francisco também reconhece o potencial da internet como uma ferramenta para promover a justiça social e ajudar os menos favorecidos. Destaca ainda a importância da inclusão digital para garantir a todos o acesso às informações e às oportunidades oferecidas pela tecnologia.

Em relação à sociedade como um todo, o posicionamento do papa sobre a internet tem sido uma voz de encorajamento para que as pessoas usem a tecnologia de forma responsável e ética, alertando sobre os riscos de seu uso indevido, incluindo a disseminação de ódio e desinformação. Enfatiza também a importância da autenticidade e do diálogo construtivo nas redes sociais.

Enfim, Papa Francisco defende uma abordagem equilibrada e compassiva em relação ao uso da internet, destacando suas oportunidades e seus riscos, e incentivando os indivíduos e instituições a usarem a tecnologia de forma responsável e com uma visão de bem comum.

Referências

ANGELINI, Maria Cristina. *Os gestos dos papas na cultura da mídia*. 2014. Disponível em: https://static.casperlibero.edu.br/uploads/2014/04/Maria-Cristina-Angelini.pdf. Acesso em: 11 abr. 2023.

BENTO XVI. *Mensagem para o 43º Dia mundial das Comunicações Sociais. Novas tecnologias, novas relações – Promover uma cultura de respeito, de diálogo, de amizade*. 24 de maio de 2009. Disponível em: https://www.vatican.va/content/benedict-xvi/pt/messages/communications/documents/hf_ben-xvi_mes_20090124_43rd-world-communications-day.html#:~:text=XLIII%20Dia%20Mundial%20das%20Comunicações%20Sociais%2C%202009%20-,respeito%2C%20de%20diálogo%2C%20de%20amizade»%20%7C%20Bento%20XVI. Acesso em: 11 abr. 2023.

BÍBLIA de Jerusalém. São Paulo: Paulus, 2006.

COLLET, Andressa. *Papa. Mundo digital deve ser habitado por cristãos com formação adequada*. 20 de junho de 2022. Disponível em: https://www.vaticannews.va/pt/papa/news/2022-06/papa-francisco-prefacio-livro-igreja-digital-fabio-bolzetta.html. Acesso em: 20 abr. 2023.

CONCÍLIO VATICANO II. *Decreto* Inter Mirifica. *Sobre os meios de comunicação social*. 4 de dezembro de 1966. Disponível em: https://www.vatican.va/archive/hist_councils/ii_vatican_council/documents/vat-ii_decree_19631204_inter-mirifica_po.html. Acesso em: 11 abr. 2023.

FRANCISCO. *Exortação Apostólica* Evangelii Gaudium. *A alegria do Evangelho*. São Paulo: Paulinas, 2013a. (Documento 198).

_____. *As mensagens do Papa no Twitter*. Brasília: Edições CNBB, 2013b.

_____. Mensagem para o 48º Dia Mundial das Comunicações Sociais, 2014. Comunicação a serviço de uma autêntica cultura do encontro. 24 de janeiro de 2014a. In: PAULO VI, Papa et al. *Mensagens do Dia*

Mundial das Comunicações Sociais. Brasília: Edições CNBB, 2017, 235-239.

_____. *As mensagens do Papa no Twitter*. Brasília: Edições CNBB, 2014b, v. 2.

_____. Mensagem para o 49º Dia Mundial das Comunicações Sociais, 2015. Comunicar a família: ambiente privilegiado do encontro na gratuidade do amor. 23 de janeiro de 2015. In: PAULO VI, Papa et al. *Mensagens do Dia Mundial das Comunicações Sociais*. Brasília: Edições CNBB, 2017, 240-244.

_____. *Exortação Apostólica* Amoris Lætitia. *Sobre o amor na família*. São Paulo: Paulinas, 2016a. (Documento 202).

_____. Mensagem para o 50º Dia Mundial das Comunicações Sociais, 2016. Comunicação e Misericórdia: um encontro fecundo. 24 de janeiro de 2016b. In: PAULO VI, Papa et al. *Mensagens do Dia Mundial das Comunicações Sociais*. Brasília: Edições CNBB, 2017, 245-249.

_____. Mensagem para o 51º Dia Mundial das Comunicações Sociais, 2017: "Não tenhas medo, estou contigo" (Is 43,5). Comunicar esperança e confiança, no nosso tempo. 24 de janeiro de 2017. In: PAULO VI, Papa et al. *Mensagens do Dia Mundial das Comunicações Sociais*. Brasília: Edições CNBB, 2017, 250-254.

_____. *Mensagem para o 52º Dia Mundial das Comunicações Sociais: "A verdade vos tornará livres" (Jo 8,32). Fake news e jornalismo de paz*. 24 de janeiro de 2018. Disponível em: https://www.vatican.va/content/francesco/pt/messages/communications/documents/papa-francesco_20180124_messaggio-comunicazioni-sociali.html. Acesso em: 17 abr. 2023.

_____. *Exortação Apostólica Pós-sinodal* Christus Vivit. *Para os jovens e para todo o povo de Deus*. Brasília: Edições CNBB, 2019a.

_____. *Mensagem para o 53º Dia Mundial das Comunicações Sociais: "Somos membros uns dos outros" (Ef 4,25). Das comunidades de redes sociais à comunidade humana*. 24 de janeiro de 2019b. Disponível em: https://www.vatican.va/content/francesco/pt/messages/communications/documents/papa-francesco_20190124_messaggio-comunicazioni-sociali.html. Acesso em: 17 abr. 2023.

_____. *Audiência Geral. Catequeses, "Curar o mundo": 1. Introdução*. 5 de agosto de 2020a. Disponível em: https://www.vatican.va/

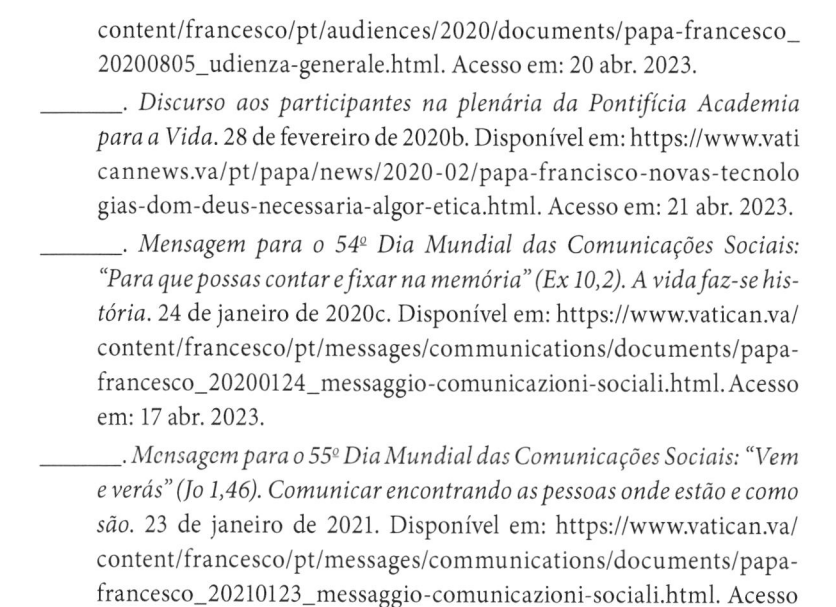

content/francesco/pt/audiences/2020/documents/papa-francesco_20200805_udienza-generale.html. Acesso em: 20 abr. 2023.

_____. *Discurso aos participantes na plenária da Pontifícia Academia para a Vida*. 28 de fevereiro de 2020b. Disponível em: https://www.vaticannews.va/pt/papa/news/2020-02/papa-francisco-novas-tecnologias-dom-deus-necessaria-algor-etica.html. Acesso em: 21 abr. 2023.

_____. *Mensagem para o 54º Dia Mundial das Comunicações Sociais: "Para que possas contar e fixar na memória" (Ex 10,2). A vida faz-se história*. 24 de janeiro de 2020c. Disponível em: https://www.vatican.va/content/francesco/pt/messages/communications/documents/papa-francesco_20200124_messaggio-comunicazioni-sociali.html. Acesso em: 17 abr. 2023.

_____. *Mensagem para o 55º Dia Mundial das Comunicações Sociais: "Vem e verás" (Jo 1,46). Comunicar encontrando as pessoas onde estão e como são*. 23 de janeiro de 2021. Disponível em: https://www.vatican.va/content/francesco/pt/messages/communications/documents/papa-francesco_20210123_messaggio-comunicazioni-sociali.html. Acesso em: 17 abr. 2023.

_____. *Mensagem para o 56º Dia Mundial das Comunicações Sociais. Escutar com o ouvido do coração*. 24 de janeiro de 2022. Disponível em: https://www.vatican.va/content/francesco/pt/messages/communications/documents/20220124-messaggio-comunicazioni-sociali.html. Acesso em: 17 abr. 2023.

_____. *Mensagem para o 57º Dia Mundial das Comunicações Sociais. Falar com o coraçao: "Testemunhando a verdade no amor" (Ef 4,15)*. 24 de janeiro de 2023. Disponível em: https://www.vatican.va/content/francesco/pt/messages/communications/documents/20230124-messaggio-comunicazioni-sociali.html. Acesso em: 17 abr. 2023.

REDE MUNDIAL DE ORAÇÃO DO PAPA. *O Vídeo do Papa*. Disponível em: https://thepopevideo.org/?lang=pt-br. Acesso em: 29 abr. 2023.

SBARDELOTTO, Moisés. *@Franciscus, o papa no Instagram. Uma breve análise comunicacional*. 4 de abril de 2016. Disponível em: https://www.ihuonline.unisinos.br/artigo/12-artigo-2016/6367-moises-sbardelotto-artigo-da-semana. Acesso em: 15 abr. 2023.

SILVA, Victor Hugo. *Em 2021, 28 milhões de pessoas no Brasil não usaram a internet, diz IBGE*. 16 de setembro de 2022. Disponível em: https://g1.

globo.com/tecnologia/noticia/2022/09/16/em-2021-28-milhoes-de-pessoas-no-brasil-nao-usaram-a-internet-diz-ibge.ghtml. Acesso em: 26 abr. 2023.

SÍNODO DOS BISPOS. *Documento final da XV Assembleia Geral Ordinária do Sínodo dos Bispos. Os jovens, a fé e o discernimento vocacional.* 27 de outubro de 2018. Disponível em: https://www.vatican.va/roman_curia/synod/documents/rc_synod_doc_20181027_doc-final-instrumentum-xvassemblea-giovani_po.html. Acesso em: 8 maio 2023.

TEIXEIRA, Lucas Borges. *Lockdown. Como funciona, o que é e significado.* 6 de junho de 2021. Disponível em: https://noticias.uol.com.br/faq/lockdown-como-funciona-o-que-e-significado-e-regras-em-sp-e-mais-cidades.htm. Acesso em: 20 abr. 2023.

VATICAN NEWS. *Há 5 anos, o primeiro tweet de um Pontífice.* 11 de dezembro de 2017. Disponível em: https://www.vaticannews.va/pt/vaticano/news/2017-12/o-primeiro-tweet-do-papa-bento-xvi-em-12-de-dezembro-de-2012.html#:~:text=Em%2012%20de%20dezembro%20de%202012%2C%20o%20Papa,aceitava%20o%20desafio%20da%20evangelização%20nas%20redes%20sociais. Acesso em: 11 abr. 2023.

Capítulo 4

Mundanismo espiritual: o alerta do Papa Francisco à Igreja de hoje

Pe. Calmon Rodovalho Malta, CMF

Introdução

Comemorando os dez anos do pontificado do Papa Francisco, muito se tem escrito a respeito do seu governo na Igreja, de seu modo de pensar e de atuar ante os desafios do tempo presente. É certo que este pontificado é marcado por uma reforma eclesial que acentua o retorno aos princípios fundamentais do Evangelho, da genuína tradição da Igreja e do Concílio Vaticano II[1], uma vez que hoje se percebe uma distorção, às vezes até inconsciente, por parte de alguns grupos e pessoas, da compreensão da eclesiologia católica contemporânea, uma vez que "as mudanças sempre demandam esforço de adaptação" (MIRANDA, 2017, 11).

---

1. FRANCISCO, *Exortação Apostólica* Evangelii Gaudium *[A alegria do Evangelho]. Sobre o anúncio do Evangelho no mundo atual*, São Paulo, Paulus, 2019, n. 17. Francisco aponta algumas diretrizes para uma reforma eclesial necessária em sua visão, que vale a pena ser consultadas. Conferir também: REPOLE, Roberto, *O sonho de uma Igreja evangélica. A eclesiologia do Papa Francisco*, Brasília, Edições CNBB, 2018; CONCÍLIO VATICANO II, Constituição Dogmática Lumem Gentium, in: ____, *Mensagens, discursos, documentos*, São Paulo, Paulinas, ²2007, n. 13.

Dentro dessa perspectiva, destaca-se o alerta/denúncia do sumo pontífice a respeito do modo como muitos cristãos católicos estão vivendo sua fé. O papa denuncia que muitos estão deixando de lado o fundamento da relação com Deus, isto é, Jesus Cristo, em detrimento de um modo de pensar e de agir, em que a lógica do comportamento está baseada em uma visão do ser humano como centro da existência – egoantropocentrismo – e, ao mesmo tempo, como marco referencial de seu querer e de suas vontades – autorreferencialidade. Esse modo de viver a fé, o papa classifica, na Exortação Apostólica *Evangelii Gaudium*, como sendo mundanismo espiritual (EG, n. 93).

1 O mundanismo espiritual

O termo "mundanismo espiritual" foi cunhado primeiramente pelo abade beneditino dom Anscar Vonier e utilizado por Henri De Lubac em sua obra *Meditações sobre a Igreja*, de 1953, onde o autor já assinalava a dificuldade que a Igreja passaria com posicionamentos personalistas dos próprios membros (MALTA, 2022, 40). Profecia ou apenas um olhar sensível à conduta da Igreja de seu tempo, o autor foi assertivo ao ponto de se observar hoje, sete décadas depois, que tal conduta está impregnada em muitos membros da Igreja, causando preocupação ao papa. Para De Lubac, tal modo de ser não passa de um "comportamento radicalmente antropocêntrico" (DE LUBAC, 2011, 397). Assim, para Francisco, o mundanismo espiritual

> é uma maneira sutil de procurar "os próprios interesses, não os interesses de Jesus Cristo" (Fl 2,21). Reveste-se de muitas formas, de acordo com o tipo de pessoas e situações em que penetra. Por cultivar o cuidado da aparência, nem sempre suscita pecados de domínio público, pelo que externamente tudo parece correto (EG, n. 93).

Esse comportamento, "revestindo-se de muitas formas", demonstra um modo de agir volátil à situação no qual o fiel se encontra e vê tudo a seu redor. Está relacionado com o tempo, a cultura, o lugar, o estilo de vida e a formação recebida, e com a visão de ser humano que cada indivíduo desenvolve ou escolhe em sua experiência antropológica e cristã. Para Francisco, o próprio Jesus, no Evangelho, ao chamar a atenção dos fariseus, censurava-os dizendo: "Como podereis acreditar, vós que recebeis glória uns dos outros e não buscais a glória que vem do Deus único?" (Jo 5,44) (EG, n. 93).

Assim, o pontífice define o mundanismo espiritual como sendo "a busca, pela glória humana e o bem-estar pessoal, em vez da glória do Senhor. [...] Uma maneira sutil de procurar 'os seus próprios interesses e não os de Jesus Cristo' (Fl 2,21)" (EG, n. 93).

Parece correto afirmar que a busca por uma posição de *status*, seja social, seja religioso, resvala no perigo de colocar em segundo plano os valores fundamentais assumidos no batismo pelo cristão. Um desvio de conduta que necessita de correção em vista da salvação oferecida por Jesus Cristo, o único Senhor e Mestre.

Quando na vida cristã o "eu" é colocado à frente do "nós", o pessoal à frente do coletivo, corre-se o risco de uma distorção do exemplo da práxis e dos ensinamentos de Jesus.

Os evangelhos e a vida da comunidade primitiva pós-ressurreição (Atos dos Apóstolos) demonstram o formato da vida cristã – em processo de formação e consolidação –, que gira em torno de Cristo como centro. É a partir dele que todo ensinamento e busca por um comportamento ético são alicerçados, pois a Igreja, que somos nós, é em Cristo (LG, n. 1).

Nesse sentido, ao abandonar a centralidade de Jesus Cristo, do querigma (CASULA, 2017, 55) por ele anunciado, perde-se o significado último da caminhada de fé cristã, a salvação. A salvação está em vista do Reino de Deus dado e apresentado à humanidade ao longo de todos os tempos e personificado na encarnação do Verbo de Deus (Jo 1,14). Agir dentro da comunidade de fé, ou até mesmo fora dela, como cristão, descentralizados da figura de seu Salvador, é viver um tipo de posicionamento mundano dentro da espiritualidade ensinada por Jesus Cristo.

O Evangelho é fonte segura de como deve ser construída, alicerçada a vida de quem segue a Cristo (DV, n. 18). É um código ético-moral do comportamento do crente. Secundarizar sua dimensão sociorrelacional é questionar a salvação apresentada por Cristo. Por isso mesmo, como boa notícia, ele é fonte de transformação, de conversão, de mudança de vida de cada indivíduo que se propõe a viver uma vida *com*, *em* e *por* Cristo. Olhar para si, em atitude egoísta, é negar a dimensão relacional da fé cristã e descartar o mandamento novo deixado por Cristo: "Amai-vos uns aos outros" (Jo 17,21), com implicações diretas na vida eclesial.

2 Pilares do mundanismo espiritual hoje

De acordo com a *Evangelii Gaudium*, o mundanismo espiritual alimenta-se de dois modos equivocados de se ver a fé: o gnosticismo e o neopelagianismo; heresias dos primeiros séculos do cristianismo que, com uma roupagem nova, reaparecem no ceio da Igreja (MALTA, 2022, 40-41).

Para o Papa Francisco, o gnosticismo na Igreja de hoje está demonstrado no que assinala como sendo

> uma fé fechada no subjetivismo, onde apenas interessa uma determinada experiência ou uma série de raciocínios e conhecimentos que supostamente confortam e iluminam, mas, em última instância, a pessoa fica enclausurada na imanência da própria razão e dos seus sentimentos (EG, n. 94).

Ou seja, o crente-gnóstico vê o mundo a partir da própria visão doutrinal, tida como absoluta e segura, em que o conhecimento é posto como verdade suprema e nele se asseguram as respostas às inúmeras situações da vida, a partir de seu conjunto de formulações doutrinais. Segundo Francisco, esses "julgam os outros segundo conseguem, ou não, compreender a profundidade de certas doutrinas" (GEx, n. 37), ou, ainda, "o gnosticismo é uma das piores ideologias, pois, ao mesmo tempo que exalta indevidamente o conhecimento ou uma determinada experiência, considera que a própria visão da realidade seja a perfeição" (GEx, n. 40).

O outro perigo é o neopelagianismo. Francisco afirma que esse modo de pensar leva o fiel a "só confiar nas próprias forças e se sentir superior aos outros por cumprir determinadas normas ou por ser irredutivelmente fiel a certo estilo católico próprio do passado" (EG, n. 94). A consciência cristã coloca o batizado na perspectiva de uma vida de entrega à graça divina. Tudo que temos é fruto do amor de Deus, dado a todos indistintamente e justificado em Jesus Cristo salvador.

Para o crente, a graça é dom extraordinário que revela a pequenez da criatura diante da grandeza do Criador, pois "a salvação, que Deus nos oferece, é obra da sua misericórdia. Não há ação humana, por melhor que seja, que nos faça merecer tão grande dom. Por pura graça, Deus atrai-nos para nos unir a si" (EG, n. 112).

Uma fé autorreferencial, personalista, que coloca a confiança em "uma suposta segurança doutrinal ou disciplinar que dá lugar a um elitismo narcisista e autoritário, no qual, em vez de evangelizar, se analisam e classificam os demais e, em vez de facilitar o acesso à graça, consomem-se as energias a controlar" (EG, n. 94), é uma fé que se distância do conteúdo evangélico e, por conseguinte, do projeto de Reino estabelecido por Jesus. Esse cuidado deve estar sempre presente na profissão de fé cristã (TORRALBA, 2019, 33).

Diante da sombra do mundanismo espiritual, tanto a Igreja como seus filhos têm dificuldade em conjugar um modelo de vida evangélico e o novo trazido pela sociedade contemporânea. A resposta mais segura para ambos é o testemunho alicerçado na pessoa de Cristo Jesus. O Concílio Vaticano II ensina que a Igreja deve em todas as épocas perscrutar os sinais dos tempos e interpretá-los à luz do Evangelho, para ser capaz de oferecer, de forma apropriada ao modo de ser de cada geração, respostas às grandes questões humanas a respeito do sentido da vida presente e futura (GS, n. 4).

A falta de testemunho leva a uma busca por prestígio, poder, bem-estar pessoal, fama etc., que, nas palavras de Francesc Torralba, "significa, tradicionalmente, viver segundo o mundo, segundo os interesses e a lógica do mundo. [...] buscando, antes de tudo, o bem-estar pessoal" (TORRALBA, 2019, 241). Tal posicionamento parece ser contrário ao que o Concílio espera do povo de Deus em caminho, com todos os desafios que o tempo impõe, principalmente com o clericalismo. O testemunho cristão é urgente diante do desafio presente, uma vez que, sabendo ler os sinais dos tempos, o cristão é capaz de responder às dificuldades, a partir da segurança das palavras de Cristo e da Igreja (GS, n. 4-10).

Observando o dito até agora sobre um mundanismo espiritual, parece evidente que ao longo desta década de pontificado, Francisco queira corrigir esse erro capaz de afastar tantas pessoas da vida de fé eclesial. Assim, tal "cristão",

> ao assumir um estilo de vida [mundano] que requer um novo processo de conversão integral ensinado por Jesus nos evangelhos à Igreja, [...] acabam por renegar valores essenciais para a práxis cristã, como a unidade (Jo 17,21), a catolicidade (Mt 28,19), o serviço (Jo 13), o amor incondicional ao próximo (Jo 13,34; Lc 10,30-37) etc. Mascarar o comportamento religioso, com uma postura demasiadamente rígida com relação aos outros e exigente com as práticas periféricas da moral cristã, pode ser um meio de assumir um estilo de vida mundano dentro da Igreja (MALTA, 2022, 54).

Isso gera consequências para toda a fé cristã e para a sociedade, que, mesmo não aderindo ao Cristo, espera da Igreja e dos cristãos um comportamento capaz de lhes dar um norte seguro.

3 As consequências do mundanismo espiritual

Como afirmado anteriormente, o Papa Francisco vê o mundanismo espiritual como a "busca pela glória humana" (EG, n. 93). Partindo dessa premissa, é importante perguntar: tal busca, egoantropocêntrica, não gera uma imediata consequência na vida cristã? Parece que a resposta é positiva, uma vez que, segundo o papa, "o mundanismo espiritual leva alguns cristãos a estar em guerra com outros cristãos que se interpõem na sua busca pelo poder, prestígio, prazer ou segurança econômica" (EG, n. 98).

Certamente, ao abraçar a fé em Cristo, um fiel recém-convertido ou já experiente na caminhada evangélica procura ao máximo configurar-se com seu Mestre e Senhor, seja na visão de mundo, no modo de pensar, seja em sua práxis ético-moral cotidiana (GS, n. 17 e 22).

Para Francisco, o "obscuro mundanismo manifesta-se em muitas atitudes, aparentemente opostas, mas com a mesma pretensão de 'dominar o espaço da Igreja'" (EG, n. 95). Essas atitudes guardam em seu comportamento o desejo de desunir o Corpo de Cristo, que é a Igreja. Segundo o papa, "em algumas pessoas, há um cuidado exibicionista da liturgia, da doutrina e do prestígio da Igreja, mas não se preocupam que o Evangelho adquira uma real inserção no povo fiel de Deus e nas necessidades concretas da história" (EG, n. 95).

Tais comportamentos, em um primeiro momento, podem até parecer sensíveis e devotos à experiência religiosa, porém, quando analisados mais intimamente mediante os ensinamentos da grande tradição da Igreja, e confrontados com o Evangelho e todo o Novo Testamento, percebe-se que tais práticas não passam de um querer pessoal e exibicionista, que o próprio fiel julga como certo ou errado, distanciando-se do "depósito da fé" conservado e de responsabilidade do magistério da Igreja[2].

Sendo assim, acentuo três consequências, em meio a tantas outras, relevantes para a discussão do momento atual da Igreja, com seus desafios: 1) a ruptura da unidade; 2) a busca por prestígio e poder; e 3) o desprezo pelos pobres e marginalizados.

3.1 A ruptura da unidade

No Evangelho de João, encontra-se o desejo de Jesus pela unidade. Ao afirmar que "ele e o Pai são um, e todos estejam neles" (Jo 17,21), coloca os discípulos sobre a perspectiva de um compromisso que irrompe com o individualismo e se compromete com o outro. Esse compromisso não requer que todos sejam iguais, mas, sim, unidos. "Para que sejam um, como nós somos um: eu neles e tu em mim, para que sejam perfeitos na unidade e para que o mundo reconheça que me enviaste e os amaste como amaste a mim" (Jo 17,22-23).

Para o pensamento mundano dentro da vida eclesial, é preciso que todos sejam iguais. Há assim uma percepção distorcida da unidade. A diversidade de dons é uma graça do Espírito, o que demonstra a diferença de pessoa como elemento de riqueza (1Cor 12,4-11).

Ao impor um modo único de ser aos outros, o fiel, agindo equivocadamente, não faz senão impor uma ideologia que vê a sociedade a partir de uma única percepção, o que pode gerar desgastantes conflitos e ruptura com a unidade. Assim, Francisco declara para as

---

2. João Paulo II, *Constituição Apostólica* Fidei Depositum, *para a publicação do Catecismo da Igreja Católica redigido depois do Concílio Vaticano II*, 11 de outubro de 1992, disponível em: https://www.vatican.va/content/john-paul-ii/pt/apost_constitutions/documents/hf_jp-ii_apc_19921011_fidei-depositum.html, acesso em: 13 jun. 2023.

vozes discordantes do Espírito que guia a Igreja sempre ao novo: que "as diferenças entre as pessoas e as comunidades por vezes são incômodas, mas o Espírito Santo, que suscita essa diversidade, de tudo pode tirar algo de bom e transformá-lo em dinamismo evangelizador que atua por atração" (EG, n. 131)[3].

Ao assumir uma postura fechada ou impositiva, o fiel corre o risco de buscar na eclesiologia pré-Vaticano II modelo para uma vida de fé que não corresponde aos desafios do tempo presente, que o próprio Espírito Santo inspira pela voz do magistério eclesial. Esse é um dos elementos que pontuam, hoje, uma ruptura com a unidade do povo de Deus em caminho, a desobediência velada ou, se preferir, a obediência seletiva ao magistério eclesial.

Porém urge acentuar que a Igreja é "una pela sua fonte, pelo seu Fundador, pela sua 'alma'. Portanto, é de sua própria essência ser una" (CIC, n. 813). Quando os conflitos adentram a vida eclesial, acabam por minar os interesses do anúncio do Evangelho como boa notícia de salvação. Uma das reverberações do mundanismo espiritual na vida eclesial é o desejo, por parte de alguns, de uma uniformidade comportamental, sendo que "na unidade do povo de Deus se congregam as diversidades dos povos e das culturas" (CIC, n. 814).

3.2   Busca por prestígio e poder

A Igreja é formada por homens e mulheres batizados, santos e pecadores, que se propõem a construir o Reino de Deus mais justo,

---

3. Francisco deixou claro que: "A diversidade cultural não ameaça a unidade da Igreja. É o Espírito Santo, enviado pelo Pai e pelo Filho, que transforma os nossos corações e nos torna capazes de entrar na comunhão perfeita da Santíssima Trindade, onde tudo encontra a sua unidade. O Espírito Santo constrói a comunhão e a harmonia do povo de Deus. Ele mesmo é a harmonia, tal como é o vínculo de amor entre o Pai e o Filho" (EG, n. 117).

já neste mundo, guiados pela força do Espírito Santo que os tornam discípulos missionários (EG, n. 120). Isso implica uma consciência do seu papel de cristão em sociedade. A atuação de cada indivíduo gera uma repercussão, direta ou indireta, na vida do outro e na teia social. O crente, como membro desta sociedade, é convidado a ser "sal e luz do mundo" (Mt 5,13-16) e, para isso, aceita desenvolver no seu dia a dia o testemunho que brota das páginas do Evangelho e da própria pessoa de Jesus Cristo, que deu o exemplo de serviço ao lavar os pés dos seus discípulos na última ceia (cf. Jo 13,1-17).

Uma Igreja com concepções mundanas não se preocupa em ser uma instituição de serviço, mas burocrática, legalista, autorreferencial, que nem sequer busca espelhar-se na vida de Jesus, livre, misericordioso, servo. Isso acontece porque seus membros se deixam conduzir pelos valores orientadores do mundo, que acaba por dar mais ênfase às riquezas, ao prazer, ao poder. Para Francisco, "o grande risco do mundo atual [...] é uma tristeza individualista que brota do coração comodista e mesquinho, da busca desordenada de prazeres superficiais, da consciência isolada" (EG, n. 2).

Desse modo, "a grande dificuldade do cristão está justamente em combinar, na própria vida, o estilo evangélico, com os seus valores e fundamentos, e as inúmeras formas contemporâneas de comportamentos como testemunho para o mundo" (MALTA, 2022, 53). A partir dessa perspectiva, faz bem recordar os ensinamentos do Concílio Vaticano II, de que todas as preocupações do ser humano são também preocupações da Igreja (GS, n. 1). De acordo com Aquino Júnior,

> a Igreja não pode ser indiferente ao mundo, aos problemas do mundo. Ela tem que se preocupar e se envolver com os problemas do mundo, já que sua missão consiste precisamente em ser "sinal e instrumento" de salvação ou do reinado de Deus no mundo (AQUINO, 2021, 19).

Ser diferente do mundo significa corresponsabilizar-se pela construção do Reino. Nesse aspecto, o clero tem um papel fundamental, junto com todo o povo de Deus, do qual faz parte, uma vez que, como lideranças, ajudam a formar a consciência crítica cristã do povo a caminho (PO, n. 2-3).

Parece que a grande dificuldade de hoje se dá no fato de muitos clérigos, mas também muitos leigos, buscarem um estilo de vida que os satisfaçam em suas necessidades pessoais por meio da religião, de forma consciente ou inconsciente. Tais atitudes, na concepção do papa, se evidenciam "no cuidado exibicionista da liturgia, da doutrina e do prestígio da Igreja", bem como "esconde-se por detrás do fascínio de poder mostrar conquistas sociais e políticas, ou em uma vanglória ligada à gestão de assuntos práticos, ou em uma atração pelas dinâmicas de autoestima e de realização autorreferencial" (EG, n. 95), como uma forma de dominação do sagrado na vida cotidiana do povo, a partir de um modelo de Igreja da cristandade, em que os privilégios eram presentes na vida do cristão em detrimento das outras pessoas (MIRANDA, 2019, 70-71).

O pontífice chama a atenção para o fato de que, em muitos momentos, "negamos a nossa história de Igreja, que é gloriosa por ser história de sacrifícios, de esperança, de luta diária, de vida gasta no serviço, de constância no trabalho fadigoso, porque todo o trabalho é 'suor do nosso rosto'" (EG, n. 96). Assim, a preocupação do cristão deve estar na busca por viver seu batismo na centralidade de Cristo, no serviço aos outros, no anúncio do querigma, que leva a tomar consciência da fé e a buscar com fidelidade e perseverança o Reino de Deus. "O cristão que descuida dos seus deveres temporais falta aos seus deveres para com o próximo e até para com o próprio Deus, e põe em risco a sua salvação eterna" (GS, n. 43).

3.3 Desprezo pelos pobres e marginalizados

Segundo o Papa Francisco, o cristão "que caiu no mundanismo olha de cima e de longe, rejeita a profecia dos irmãos, desqualifica quem o questiona, faz ressaltar constantemente os erros alheios e vive obcecado pela aparência" (EG, n. 97). O mundanismo espiritual desloca o olhar fundamental do cristão da práxis de Jesus, como se suas atitudes fossem colocadas em segundo plano na economia da salvação[4].

No meu limitado ponto de vista, muitos cristãos hoje até têm consciência da necessidade de se buscar uma justiça diante de tantas desigualdades no mundo, porém parece anestesiado a ponto de acreditar que a experiência de fé é algo deslocado na realidade em que se encontra. Corre-se o risco de se isolar em um subjetivismo devocional em que o braço horizontal do madeiro da cruz é descartado ou desacreditado como lugar de experiência religiosa, uma vez que "o cristão vive o mesmo destino do Senhor, inclusive até a cruz" (DAp, n. 140). Desse modo, "a vitalidade que Cristo oferece nos convida a ampliar nossos horizontes e a reconhecer que, abraçando a cruz cotidiana, entramos nas dimensões mais profundas da existência" (DAp, n. 357).

Assim, não basta escutar as palavras de Jesus a respeito do Reino de Deus, mas também é necessário aprender com ele a respeito do Reino de Deus (GEx, n. 25). Jesus torna-se o modelo essencial de uma prática religiosa que não faz dissociação entre fé e vida, pelo

---

4. MIRANDA, M. F., *A Igreja em transformação*, São Paulo, Paulinas, 2019, 90-91, faz uma constatação importante quanto à missão da Igreja e sua relação com os pobres, ao afirmar: "Jesus viveu entre os pobres da Galileia, declarou os bem-aventurados, comoveu-se diante das multidões sem pastor, procurou sempre levar vida, ânimo e esperança aos mais abandonados do seu tempo. Tudo isso revela, de fato, a preferência de Deus pelos mais sofridos e carentes de poder e de prestígio. Embora nunca tenha recebido uma formulação dogmática, esse fato pertence ao patrimônio da revelação".

contrário, vê a vida a partir da fé e alimenta a fé com todas as situações do dia a dia (Tg 2,26). Sob esse parâmetro, o Concílio ensina que "a Igreja envolve com amor todos os que sofrem. Reconhece nos pobres e nos desvalidos a imagem de seu fundador, pobre e sofredor, empenha-se em combater a pobreza e se coloca a serviço dos pobres, como a serviço de Cristo" (LG, n. 8).

Desprezar o rosto dos mais necessitados é desprezar o próprio Salvador, que, encarnando no meio de nós, foi colocado em uma manjedoura, na periferia de Belém (Lc 2,7); foi apresentado no Templo tendo como oferenda "um par de rolas e dois pombinhos" (Lc 2,24), a oferta dos pobres; revela-se "ungido pelo Espírito do Senhor para evangelizar os pobres" (Lc 2,18); declara "não ter onde reclinar a cabeça" (Mt 8,20), demonstrando seu total desprendimento de seguranças mundanas.

Francisco não tem medo de afirmar, à luz da mensagem evangélica e na esteira da Tradição magisterial católica, que, "no coração de Deus, ocupam lugar preferencial os pobres, tanto que até ele mesmo 'Se fez pobre' (2Cor 8,9). Todo o caminho da nossa redenção está assinalado pelos pobres" (EG, n. 197). Essa é uma mensagem forte, principalmente para aqueles que na Igreja contemporânea preferem a aparência estética das celebrações litúrgicas a uma Igreja que vai ao encontro da carne sofredora do outro, imagem e semelhança de Deus, rosto de Cristo (EG, n. 95-97).

Para França Miranda, "a fidelidade à vontade de Deus implica um estilo de vida mais simples e despojado" (MIRANDA, 2019, 91), o que significaria um testemunho mais acentuado do Evangelho no cotidiano de nossa existência, traduzidos no pensar, falar e agir nas pequenas e grandes situações diárias.

Para o papa, portanto, "toda a vida de Jesus, a sua forma de tratar os pobres, os seus gestos, a sua coerência, a sua generosidade simples e cotidiana e, finalmente, a sua total dedicação, tudo é precioso e fala à nossa vida pessoal" (EG, n. 265). Ou, ainda, quando a vida interior se fecha nos próprios interesses, deixa de haver espaço para os outros, já não entram os pobres, já não se ouve a voz de Deus, já não se goza da doce alegria do seu amor, nem fervilha o entusiasmo de fazer o bem. Este é um risco, certo e permanente, que correm também os crentes. Muitos caem nele, transformando-se em pessoas ressentidas, queixosas, sem vida (EG, n. 2).

Diante de inúmeras possibilidades que o cristão tem hoje, para se viver no mundo moderno, seja pelos meios sociais, pelos desenvolvimentos tecnológicos, pelo avanço das ciências etc., o cristão, consciente de sua responsabilidade no projeto salvífico de Deus, procura um justo equilíbrio entre os dois madeiros da cruz de Cristo: o vertical, que o coloca na perspectiva do alto, lugar que deve ser o desejo de sua alma, e o horizontal que o compromete com o Reino de Deus no hoje da história, mediante o Evangelho revelado pela própria pessoa de Jesus Cristo, que tem sua expressão reveladora na caridade, uma vez que "Deus é amor" (1Jo 4,16).

Faz-se necessário recordar, portanto, que "toda autêntica renovação da Igreja consiste em uma volta à Jesus e ao Evangelho, em cujo centro está o amor de Deus pela humanidade" (AQUINO, 2021, 96). Viver em uma Igreja, cuja ritualidade da aparência é capaz de falar mais alto do que a voz do próprio Cristo, deve fazer questionar todo aquele que, mergulhado nas águas salvíficas do batismo, procura um caminho de santidade que tem Cristo como centro e o Reino de Deus como meta a alcançar. Ao mesmo tempo, uma prática religiosa desleixada, banal e sem espiritualidade cristã autêntica também leva à "secundarização" de Cristo como Senhor e centro da vida cristã.

Conclusão

Como conclusão, destaco o fato de que, na Igreja pós-conciliar do Vaticano II, uma das grandes graças do Espírito Santo reside na abertura para o tempo presente.

O diálogo com a modernidade traz desafios permanentes para a vida de fé, mas ao mesmo tempo demonstra a vitalidade desse mesmo Espírito na vida eclesial. Os medos que muitos sentem quanto a essa abertura não podem paralisar a Esposa de Cristo. Quando um dos seus filhos, inconsciente ou conscientemente, se afasta do princípio fundamental do Evangelho, que é o próprio Cristo e o seu convite a participar do Reino Deus, acaba por cair no erro de se colocar em primeiro plano, ou até mesmo de querer que a Igreja esteja em primazia como uma instituição gloriosa e cheia de poder.

É necessário corrigir tal modo de pensar, pois a glória que se deve buscar como cristão é a glória de Deus, e não a glória humana.

O comportamento egoantropocêntrico e autorreferencial desvia visivelmente da centralidade de Cristo como Senhor de nossa história, Salvador de nossa vida. Não permite que seja semeado realmente, no povo fiel de Deus, e em suas necessidades cotidianas, a Boa-Nova do Evangelho.

Esse mundanismo espiritual denunciado pelo sumo pontífice traz como pano de fundo interesses pessoais de grupos e pessoas, de comportamento personalista, contrários aos ensinamentos e à práxis de Jesus Cristo. Comportamentos muitas vezes revestidos de práticas do passado, como uma pseudorresposta aos problemas do presente, ou como negação do magistério atual em detrimento do um modelo eclesial de gosto pessoal. É urgente não compactuar ou aceitar que o Corpo de Cristo, que é a Igreja, seja atingido por tão grande mal. É preciso confiar que é o Espírito Santo quem conduz a barca de Pedro, em cada momento da história, sempre para frente, nunca retrocedendo. Sempre com os pés firmes e seguros no depósito da fé, que é a Igreja.

Referências

AQUINO, J. Francisco. *A Igreja de Jesus. Missão e constituição.* São Paulo: Paulinas, 2021.

BÍBLIA DE JERUSALÉM. São Paulo: Paulus, ²2008.

CASULA, L. *Rostos, gestos e lugares. A cristologia do Papa Francisco.* Brasília: Edições CNBB, 2017.

CATECISMO DA IGREJA CATÓLICA. Petrópolis: Vozes; São Paulo: Paulinas/Loyola/Ave-Maria, 1993.

CELAM. *Documento de Aparecida. Texto conclusivo da V Conferência Geral do Episcopado Latino-Americano e do Caribe.* São Paulo: Paulus/Edições CNBB/Paulinas, 2007.

CONCÍLIO VATICANO II. Constituição Dogmática *Dei Verbum.* In: _____. *Mensagens, discursos, documentos.* São Paulo: Paulinas, ²2007.

_____. Constituição Dogmática *Lumem Gentium.* In: CONCÍLIO VATICANO II. *Mensagens, discursos, documentos.* São Paulo: Paulinas, ²2007.

_____. Constituição Pastoral *Gaudium et Spes.* In: CONCÍLIO VATICANO II. *Mensagens, discursos, documentos.* São Paulo: Paulinas, ²2007.

CONCÍLIO VATICANO II. Decreto *Presbyterorum Ordinis.* In: CONCÍLIO VATICANO II. *Mensagens, discursos, documentos.* São Paulo: Paulinas, ²2007.

DE LUBAC, H. *Meditación sobre la Iglesia.* Madrid: Ediciones Encuentro, ²2011.

FRANCISCO. *Exortação Apostólica* Gaudete et Exsultate. *Sobre o chamado a santidade no mundo atual.* São Paulo: Paulus, 2018.

_____. *Exortação Apostólica* Evangelii Gaudium *[A alegria do Evangelho]. Sobre o anúncio do Evangelho no mundo atual.* São Paulo: Paulus, 2019.

JOÃO PAULO II. *Constituição Apostólica* Fidei Depositum. *Para a publicação do Catecismo da Igreja Católica redigido depois do Concílio Vaticano II.* 11 de outubro de 1992. Disponível em: https://www.vatican.va/content/john-paul-ii/pt/apost_constitutions/documents/hf_jp-ii_apc_19921011_fidei-depositum.html. Acesso em: 13 jun. 2023.

MALTA, C. R. *A superação do mundanismo espiritual*. Na Exortação Apostólica Evangelii Gaudium. Dissertação de Mestrado em Teologia. Faculdade Jesuíta de Filosofia e Teologia. Belo Horizonte, 2022.

MIRANDA, M. F. *A Igreja em transformação. Razões atuais e perspectivas futuras*. São Paulo: Paulinas, 2019.

_____. *A reforma de Francisco. Fundamentos teológicos*. São Paulo: Paulinas, 2017.

REPOLE, R. *O sonho de uma Igreja evangélica. A eclesiologia do Papa Francisco*. Brasília: Edições CNBB, 2018.

TORRALBA, F. *Diccionario Bergoglio. Las palabras clave de un pontificado*. Madrid: San Pablo, 2019.

Capítulo 5

O Papa Francisco e a catequese mistagógica

Ediana de Souza Soares

Introdução

A partir da primeira Exortação Apostólica *Evangelii Gaudium* (EG), publicada em 24 de novembro de 2013, e do discurso do Papa Francisco aos participantes do Congresso Internacional dos Catequistas em 10 de setembro de 2022, podemos destacar sua abordagem mistagógica para a catequese de iniciação cristã. O magistério do Papa Francisco enfatiza a dimensão do discipulado missionário, tornando a iniciação cristã uma forma eficaz de educar na fé, devido ao seu caráter mistagógico. Em outras palavras, a iniciação cristã é uma forma eficaz de educar na fé, pois permite que os fiéis sejam iniciados na vida cristã e se tornem discípulos missionários comprometidos com a evangelização.

Ademais, é notável que o Papa Francisco se guia pela teologia e eclesiologia do Concílio Vaticano II, encontra-se profundamente influenciado pela Conferência de Aparecida e está em comunhão com as diretrizes da Igreja para a catequese pós-conciliar, que está sendo reconfigurada a partir da inspiração catecumenal. A reflexão neste capítulo seguirá três passos: 1) uma reflexão sobre a identidade batismal, que consiste no discipulado missionário do iniciado; 2) sobre a formação permanente do discípulo missionário, dentro da categoria mistagógica; 3) o perfil mistagógico do catequista, mas também de todos os agentes pastorais, pois somente quem adentrou no mistério pode ajudar os irmãos no mesmo processo.

1 A identidade batismal e o discipulado

Em virtude do batismo recebido, cada membro do povo de Deus tornou-se discípulo missionário (cf. Mt 28,19). Cada um dos batizados, independentemente da própria função na Igreja e do grau de instrução da sua fé, é um sujeito ativo de evangelização, e seria inapropriado pensar em um esquema de evangelização realizado por agentes qualificados enquanto o resto do povo fiel seria apenas receptor de suas ações. A nova evangelização deve implicar um novo protagonismo de cada um dos batizados. Essa convicção transforma-se em um apelo dirigido a cada cristão para que ninguém renuncie ao seu compromisso de evangelização, porque, se uma pessoa experimentou verdadeiramente o amor de Deus que salva, não precisa de muito tempo de preparação para sair a anunciá-lo, nem esperar que lhe deem muitas lições ou longas instruções. Cada cristão é missionário na medida em que se encontrou com o amor de Deus em Cristo Jesus; não digamos mais que somos "discípulos" e "missionários", mas sempre que somos "discípulos missionários" (EG, n. 120).

O Papa Francisco, na *Evangelii Gaudium*, comunica para toda a Igreja a concepção de "discípulo missionário" desenvolvida na V Conferência Geral do Episcopado Latino-Americano (CELAM), em Aparecida (São Paulo, Brasil), no ano de 2007.

A partir dessa conferência, é acentuada a questão do discipulado missionário tanto na reflexão teológica quanto nas comunidades eclesiais de base. Essa conferência não apenas iniciou um novo passo na vida eclesial, mas também deu continuidade e, ao mesmo tempo, recapitulou o caminho de fidelidade, renovação e evangelização descrito no Documento de Aparecida (DAp, n. 9). Um dos objetivos do documento é lembrar aos seus fiéis que eles, "em virtude do batismo, são chamados a ser discípulos e missionários de Jesus Cristo" (DAp, n. 10). Assim, é importante salientar que a eclesiologia do Concílio Vaticano II, a partir da Constituição Dogmática *Lumen Gentium* (LG), concebe a Igreja como Povo de Deus (LG, n. 13). Seus membros – ordenados, religiosos e leigos – possuem a mesma e única dignidade batismal.

Após a conclusão da Conferência de Aparecida, notou-se ampla acolhida à interpelação de sermos discípulos missionários. Nos momentos oracionais, na formação dos agentes pastorais, no planejamento das comunidades eclesiais, nas homilias e reflexões, nos grupos de reflexão ou círculos bíblicos, a expressão "discípulo missionário" era uma provocação constantemente retomada. Ela foi evidenciada com muita ênfase e, pode-se dizer, com certa solenidade. Excluindo as situações em que pudesse estar sendo usada por modismo, era forte e recorrente a motivação dos agentes pastorais em despertar nas paróquias e comunidades eclesiais de base (CEBs) a consciência de que, pelo batismo, todos são chamados a viver o discipulado e a colocar-se em missão. Isso evidencia que o apelo de Aparecida ressoou profundamente na vida das comunidades e de seus agentes. Ainda hoje esse apelo ressoa, embora com menos frequência, mas talvez com mais intensidade e clareza.

A catequese é continuamente interpelada a repensar o processo de educação na e para a fé, nessa perspectiva do discipulado missionário. Aquele que escutou e acolheu o *querigma*, ou seja, o anúncio da paixão, morte e ressurreição de Jesus, é chamado a aprofundar a sua fé e a colocar-se a serviço do Reino de Deus para que alcance o mundo inteiro. Na concepção do documento Catequese Renovada (CR), isso significa a busca da interação/integração entre fé e vida (CR, n. 112-117).

A partir do Concílio Vaticano II, a catequese passa por uma reconfiguração em que não é mais concebida apenas de forma doutrinal, mas como um dos serviços pastorais no processo de iniciação cristã. Dessa maneira, é reconhecida como uma ação integrante da evangelização, cuja finalidade é ajudar a pessoa a encontrar-se verdadeiramente com Jesus Cristo, viver a comunhão de vida com ele e, consequentemente, tornar-se a sua testemunha. O discipulado missionário é a identidade batismal do cristão.

A condição do discípulo brota de Jesus Cristo como de sua fonte, pela fé e pelo batismo, e cresce na Igreja, na comunidade onde todos os seus membros adquirem igual dignidade e participam de diversos ministérios e carismas. Desse modo, realiza-se na Igreja a forma própria e específica de viver a santidade batismal a serviço do Reino de Deus (DAp, n. 184).

Na *Evangelii Gaudium*, o Papa Francisco expressa com clareza e perspicácia que a catequese está a serviço da iniciação cristã. Sabe-se que, aqueles que são iniciados adequadamente, são os que têm condições de ser verdadeiros seguidores de Jesus, de acordo com a concepção de discipulado missionário presente em Aparecida. Assim, destacam-se duas dimensões apontadas por Francisco que fazem parte do discipulado missionário: o batismo e o encontro com o amor de Deus por meio de Jesus Cristo.

a) "Em virtude do Batismo recebido, cada membro do povo de Deus tornou-se discípulo missionário" (EG, n. 160). Francisco salienta que o batismo, em sua dimensão iniciática, insere o neófito na grande comunidade, a Igreja. E, como parte da Igreja, cada batizado já está em situação de discipulado e missionariedade. Não é opcional nem condicional. É a vida nova comunicada a cada um. A fidelidade a essa graça da vocação batismal por parte de cada novo cristão será responsável para torná-la eficaz em vista da participação de todos na missão de Jesus confiada à Igreja. Portanto, ser batizado é ser um discípulo missionário.

b) "Cada cristão é missionário na medida em que se encontrou com o amor de Deus em Cristo Jesus" (EG, n. 160). Essa afirmação de Francisco leva a inferir que não basta ser batizado para tornar-se discípulo e missionário. É preciso também fazer a experiência do encontro pessoal com Jesus Cristo e descobrir nele o amor misericordioso do Pai. Esse encontro pessoal precisa da mediação dos irmãos de fé. Mais uma vez fica explícita a importância do catequista mistagogo para o discernimento espiritual de cada batizado. O livro dos Atos dos Apóstolos nos apresenta uma passagem muito inspiradora: um eunuco sentia-se interpelado por Deus por meio da leitura da Sagrada Escritura, mas sozinho não conseguia compreender a mensagem divina. Filipe se aproxima do eunuco, inicia o diálogo, escuta-o e anuncia-lhe a Boa-Nova de Jesus Cristo, da qual ele mesmo, Filipe, já recebera a nova vida, tornando-se seu discípulo e testemunha (cf. At 8,26-39).

Por fim, Francisco admoesta: "Não digamos mais que somos 'discípulos' e 'missionários', mas sempre que somos 'discípulos missionários'" (EG, n. 120). Papa Francisco reafirma o que Bento XVI apontou no discurso inaugural da Conferência de Aparecida. "Discipulado e missão são como os dois lados de uma mesma moeda: quando o discípulo está enamorado de Cristo, não pode deixar de anunciar ao mundo que só ele nos salva" (BENTO XVI, 2007, 256). Sendo os dois lados de uma mesma moeda, o batizado não pode ser somente discípulo nem somente missionário.

Há batizados que não são nem discípulos nem missionários, apesar de terem sido configurados pelo batismo nessas dimensões. Mas o batizado realmente iniciado pela catequese de inspiração catecumenal está mais apto para assumir a sua identidade batismal, pois foi conduzido a um verdadeiro encontro pessoal com Jesus Cristo, em uma profunda experiência de amor. A catequese tem papel irrenunciável no processo de iniciação cristã para que todos os membros da Igreja sejam, de fato, discípulos missionários, pois "em todos os batizados, desde o primeiro ao último, atua a força santificadora do Espírito que impele a evangelizar" (EG, n. 119).

Todavia, para isso, é necessária a presença testemunhal do mistagogo que conduz o iniciando (catecúmeno ou catequizando) à abertura da mente e do coração para compreender os mistérios divinos. Uma vez mergulhados na vida divina, sejam impelidos pelo desejo ardente de comunicar esse amor aos seus irmãos. A pedagogia de Jesus é inspiradora para cada catequista. Ele é o mistagogo, por excelência, apresentado pelo Evangelho no caminho de volta para Emaús, junto aos discípulos desesperançados (cf. Lc 24,13-35). "Nunca vos esqueçais que o objetivo da catequese, que é uma etapa privilegiada da evangelização, é ir ao encontro de Jesus Cristo e permitir que ele cresça em nós" (FRANCISCO, 2022).

2 Catequese mistagógica: a formação permanente do discípulo missionário

Outra característica da catequese, que se desenvolveu nas últimas décadas, é a iniciação *mistagógica*, que significa essencialmente duas coisas: a necessária progressividade da experiência formativa, na qual intervém toda a comunidade, e uma renovada valorização dos sinais litúrgicos da iniciação cristã. Muitos manuais e planificação ainda não se deixaram interpelar pela necessidade de uma renovação mistagógica, que poderia assumir formas muito diferentes de acordo com o discernimento de cada comunidade educativa. O encontro catequético é um anúncio da Palavra e está centrado nela, mas precisa sempre de uma ambientação adequada e de uma motivação atraente, do uso de símbolos eloquentes, da sua inserção em um amplo processo de crescimento e integração de todas as dimensões da pessoa, em um caminho comunitário de escuta e resposta (EG, n. 166).

Neste tópico, a reflexão se desenvolverá a partir deste número da (EG), no qual o Papa Francisco nos apresenta importantes elementos referentes à formação do discípulo missionário. Uma vez iniciada, a formação permanente deve acontecer a partir de uma pedagogia mistagógica. Até por volta dos séculos V e VI, o tempo mistagógico consistia na quarta e última etapa do catecumenato. Segundo Lima, esse tempo

> corresponde às sete semanas após a Páscoa: o neófito, tendo recebido os sacramentos da iniciação na noite pascal, aprofunda o sentido desses sacramentos por meio da leitura bíblica e reflexão catequética. Tais catequeses eram pronunciadas pelos bispos, e elas foram uma das fontes da literatura patrística dos mais antigos santos padres (LIMA, 2016, 101-102).

Hoje, por meio do documento 107 da CNBB – Iniciação à vida cristã: itinerário para formar discípulos missionários –, a mistagogia é compreendida como "uma progressiva introdução no mistério pascal de Cristo, vivido na experiência comunitária" (CNBB, doc. 107, n. 60), e considera que "a iniciação à oração pessoal, comunitária e litúrgica constitui componente essencial do ser cristão, para mantê-lo progressivamente na comunhão com o Senhor e na disponibilidade e generosidade para a missão" (CNBB, doc. 107, n. 103), dentro da perspectiva do catecumenato antigo que foi restaurado pelo Concílio Vaticano II.

Ao corroborar que a catequese mistagógica é constituída "de uma progressividade da experiência formativa, na qual intervém toda a comunidade e uma renovada valorização dos sinais litúrgicos da iniciação cristã" (EG, n. 166), Francisco acena para elementos importantes: a formação do discípulo missionário se realiza comunitariamente e na celebração litúrgica. Logo, a liturgia e a catequese estão intrinsicamente relacionadas. A catequese mistagógica está a serviço da liturgia, pois ela ajudará a compreender o mistério divino manifestado nos gestos e símbolos litúrgicos. Ao mesmo tempo, a própria liturgia possui caráter catequético por meio de seus símbolos e ritos celebrativos, que também contribuem para o amadurecimento na fé e no compromisso com o Evangelho. Por conseguinte, todos os batizados estão permanentemente no processo formativo dos discípulos missionários.

Vale ressaltar que há consonância entre o Diretório para a Catequese (DC, 2020) e a orientação do Papa Francisco. "São necessárias tanto uma catequese que prepara para os sacramentos quanto uma catequese mistagógica que favoreça uma compreensão e uma experiência mais profunda da liturgia" (DC, n. 74b). O Papa Francisco critica alguns manuais catequéticos: "Muitos manuais e planificação ainda não se deixaram interpelar pela necessidade de uma renovação mistagógica" (EG, n. 166).

Sem desmerecer o esforço dos autores em preparar manuais didáticos para a catequese de acordo com o ideal da catequese de inspiração catecumenal, concordamos com o Papa. Muitos desses materiais ainda possuem características de lições escolares. Por exemplo, coleções catequéticas que propõem atividades escritas nos mesmos moldes dos escolares. Essa constatação gera uma utopia: que cada catequista receba formação teológica e pedagógica, para que ele tenha condições de preparar os encontros catequéticos conforme a realidade eclesial e social em que ele e o catequizando estão inseridos, e que considere as coleções didáticas catequéticas apenas como material de apoio.

Prosseguindo com sua apresentação, o terceiro aspecto mencionado por Papa Francisco é a metodologia e a didática adotadas para o anúncio da Palavra, sobre a qual a catequese está centrada. Ele chama a atenção para os seguintes elementos que devem ser considerados na educação da fé: ambientação adequada, motivação atraente, uso de símbolos eloquentes e "inserção em um amplo processo de crescimento e integração de todas as dimensões da pessoa, em um caminho comunitário de escuta e resposta" (EG, n. 166). É possível afirmar que essa ideia repete os aspectos apresentados anteriormente. Francisco afirma que a formação cristã é o aprofundamento do *querigma* e cita as formas adequadas para seu anúncio (EG, n. 165). A mistagogia pode ser entendida como um processo gradual, contínuo e permanente de crescimento e amadurecimento de cada batizado na comunhão de vida com Deus.

Toda a formação cristã é, primariamente, o aprofundamento do *querigma* que se vai, cada vez mais e melhor, fazendo carne, que nunca deixa de iluminar a tarefa catequética, e permite compreender adequadamente o sentido de qualquer tema que se desenvolve na catequese. É o anúncio que dá resposta ao anseio de infinito que existe em todo coração humano. A centralidade do *querigma* requer certas características do anúncio que hoje são necessárias em toda a arte: que exprima o amor salvífico de Deus como prévio à obrigação moral e religiosa, que não imponha a verdade, mas faça apelo à liberdade, que seja pautado pela alegria, pelo estímulo, pela vitalidade e por uma integralidade harmoniosa que não reduza a pregação a poucas doutrinas por vezes mais filosóficas que evangélicas (EG, n. 165).

Cada vez mais está crescendo a consciência eclesial sobre a catequese como um processo permanente de formação do discípulo missionário. A catequese não se esgota nos encontros preparatórios para os sacramentos, no entanto, perpassa por toda a vida do batizado/iniciado. A celebração dos sacramentos da iniciação cristã não põe fim ao processo catequético, mas é a introdução no mistério divino e o início de uma nova vida. Essa vida de comunhão com Deus precisa ser alimentada continuamente pela oração, pela vida comunitária e pelo aprofundamento da fé. Ser discípulo missionário é entrar em um processo contínuo de crescimento e amadurecimento da fé, até que se chegue à estatura de Cristo (cf. Ef 4,13). "A catequese não deve ser só ocasional, reduzida a momentos prévios aos sacramentos ou à iniciação cristã, mas sim 'itinerário catequético permanente'" (DAp, n. 298). O Papa Francisco ainda diz:

> O mandato missionário do Senhor inclui o apelo ao crescimento da fé, quando diz: "*ensinando-os* a cumprir tudo quanto vos tenho mandado" (Mt 28,20). Daqui se vê que o primeiro anúncio deve desencadear também um caminho de formação e de amadurecimento. A evangelização procura também o crescimento, o que implica tomar muito a sério em cada pessoa o projeto que Deus tem para ela (EG, n. 160).

O Diretório para a Catequese de 2020, ao tratar sobre o processo de evangelização, retoma a ideia do Diretório Geral da Catequese de 1998 sobre a importância da ação pastoral para a formação do discípulo. Esse processo deve ser marcado pelo cultivo da fé e pela busca permanente de conversão. Após isso, baseando-se no Ritual da Iniciação Cristã de Adultos (RICA), nomeia esse processo como o tempo da mistagogia.

> Na Igreja, "o batizado, impulsionado sempre pelo Espírito Santo, alimentado pelos sacramentos, pela oração e pelo exercício da caridade, e ajudado pelas múltiplas formas de educação permanente da fé, procura tornar seu o desejo de Cristo: 'Sede perfeitos como o vosso Pai celeste é perfeito' (Mt 5,48)" (DGC, n. 56d). Nisso consiste o chamado à santidade para entrar na vida eterna. O início dessa etapa corresponde ao tempo da *mistagogia* no itinerário catecumenal (RICA, n. 7; 37-40) e (DC, n. 35).

Portanto, hoje se compreende que o processo mistagógico é a pedagogia mais adequada para a formação dos discípulos missionários. Observamos que o Papa Francisco reforça esse caminho apontado pela Igreja para a nossa prática catequética.

3 O catequista é um mistagogo

> Por favor: nunca vos canseis de ser catequistas. Não de "dar a aula" de catequese. A catequese não pode ser como uma lição escolar, mas é uma experiência viva da fé que cada um de nós sente o desejo de transmitir às novas gerações (FRANCISCO, 2022).

A partir deste trecho do discurso do Papa Francisco aos catequistas no Congresso Internacional de Catequese, observa-se uma admoestação em relação à natureza da catequese. Ela não é uma lição escolar, mas sim um testemunho da fé pessoal e comunitária. Uma vez que a finalidade da catequese é formar discípulos missionários, e esta formação é de caráter mistagógico, evidentemente precisamos de mistagogos. Pessoas que vivenciaram o profundo amor de Deus em Jesus Cristo e, sustentadas por essa experiência, têm uma vida pautada nos valores evangélicos. Impulsionadas pela experiência do amor divino e desejosas de que os irmãos façam a mesma experiência, tornam-se educadoras na fé e para a fé. "Não tenhais medo: se o Senhor vos chamar para este ministério, segui-o! Sereis participantes na mesma missão de Jesus de proclamar o seu Evangelho e de introduzir na relação filial com Deus Pai" (FRANCISCO, 2022). O catequeta Lima afirma:

> Os catequistas não são apenas *instrutores*, mas também são ministros da oração e da celebração da palavra de Deus: mais que *pedagogos*, são *mistagogos*, isto é, conduzem ao mistério. Portanto, a figura do catequista de iniciação hoje muda muito com relação ao tipo tradicional do "catequista professor", que apenas *ensina* (LIMA, 2016, 136-137).

Além disso, o Diretório para a Catequese detalha um dos traços do perfil do catequista como

Mestre e mistagogo, que introduz no mistério de Deus, revelado na Páscoa de Cristo; enquanto ícone de Jesus Mestre, o catequista tem a dupla missão de transmitir o conteúdo da fé e de conduzir ao mistério da mesma fé. O catequista é chamado a se abrir à verdade sobre a pessoa humana e sobre a sua vocação última, comunicando o conhecimento de Cristo e, ao mesmo tempo, introduzindo às várias dimensões da vida cristã, revelando os mistérios da salvação contidos no depósito da fé e atualizados na liturgia da Igreja (DC, n. 113b).

Na atual configuração social em que a Igreja está inserida, é necessária uma catequese que sirva à iniciação à vida cristã. Pela experiência pastoral da Igreja ao longo de sua história, constatou-se que um modelo de catequese inspirado no catecumenato é o mais propício para formar novos discípulos missionários. Por isso, o Concílio Vaticano II recuperou o processo pedagógico de evangelização dos primeiros séculos, que integrava celebrações e instrução para introduzir o catecúmeno no mistério.

Nesse sentido, reforçamos mais uma vez: para que a catequese de inspiração catecumenal produza seus frutos, precisamos de catequistas mistagogos. Além disso, considerando que a catequese é de responsabilidade de toda a Igreja e não se reduz apenas a um encontro de instrução, mas que perpassa toda a realidade eclesial, todos os agentes pastorais são provocados a aprofundar sempre mais seu encontro com o Senhor, para que não sejam apenas funcionários do sagrado, mas autênticos introdutores de seus irmãos na vida divina.

No entanto, estamos diante de um grande desafio na realidade pastoral, pois a prática catequética, nascida na cristandade, ainda é preponderante na realidade pastoral das comunidades. Essa prática pressupõe um catequista professor que instrui na fé, mas não se preocupa em introduzir no mistério da fé. É o aspecto para o qual o Papa Francisco chama a atenção: "A catequese não pode ser como uma lição escolar" (FRANCISCO, 2022). No acompanhamento e na formação dos catequistas, é muito visível a resistência a uma transformação da prática catequética, reforçada pela cobrança dos pais por uma catequese de estilo escolar.

Para concluir este tópico, citamos o Papa Francisco:

> Caros e caras catequistas, sois chamados a tornar visível e tangível a pessoa de Jesus Cristo, que ama cada um de vós e, por esta razão, se torna regra da nossa vida e critério das nossas ações morais. Nunca vos afasteis desta fonte de amor, pois é a condição para ser feliz e cheio de alegria sempre e apesar de tudo. Esta é a vida nova que surgiu em nós no dia do Batismo e que temos a responsabilidade de partilhar com todos, para que ela possa crescer em cada um e dar frutos (FRANCISCO, 2022).

Cada vez mais, torna-se imperativo para todos os catequistas, incluindo os ministros ordenados e religiosos, cultivar a relação de intimidade com o Senhor por meio da oração, da escuta de sua palavra e da participação litúrgica, cultivando a vida de comunhão com ele, que é a vida nova doada a nós por meio do mistério pascal de Jesus Cristo. Verdadeiros discípulos tornar-se-ão verdadeiros mistagogos, com autoridade para introduzir os irmãos no mistério.

Conclusão

Desde o início de seu pontificado, o Papa Francisco tem enfatizado a importância da evangelização marcada pelo encontro com Deus em Jesus Cristo. Essa abordagem é conhecida como mistagogia, um aspecto fundamental no processo de iniciação à vida cristã, especialmente em uma abordagem catecumenal. Assim, o caráter mistagógico adquire grande importância, pois é visto como condição essencial para a formação dos novos cristãos, que devem ser, de fato, discípulos missionários de Jesus Cristo.

Diante desse apelo pastoral reforçado por Francisco, é cada vez mais exigida uma catequese mistagógica que não se reduza a alguns encontros após a celebração dos sacramentos, mas que se estenda para toda a vida do iniciado e esteja presente durante seu processo de iniciação. Consequentemente, na sua ação evangelizadora, as comunidades precisam rever a finalidade e a metodologia da formação dos seus catequistas e dos demais evangelizadores, e não apenas propor uma catequese renovada. Que todos, iniciados e iniciandos, permaneçam aos pés do Mestre Jesus e reconheçam o envio do Pai para anunciar ao mundo a Boa-Nova da participação na vida divina, sob o movimento do Espírito.

Referências

BÍBLIA. Português. *Bíblia de Jerusalém*. Nova ed., rev. e ampl. São Paulo: Paulus, 2002.

CONFERÊNCIA NACIONAL DOS BISPOS DO BRASIL. *Catequese renovada. Orientações e conteúdo*. São Paulo: Edições Paulinas, ⁹1985. (Coleção documentos da CNBB, n. 42).

_____. *Iniciação à vida cristã. Itinerário para formar discípulos missionários*. Brasília: Edições CNBB, ²2017. (Coleção documentos da CNBB, n. 107).

COMPÊNDIO DO VATICANO II. *Constituições, decretos e declarações*. 3ª reimp. 2018. Petrópolis, RJ: Vozes, 1968.

CONSELHO EPISCOPAL LATINO-AMERICANO. *Documento de Aparecida*. Brasília: Edições CNBB; São Paulo: Paulus/Paulinas, ⁵2008.

LIMA, Luiz Alves. *A catequese do Vaticano aos nossos dias. A caminho de uma catequese a serviço da Iniciação à Vida Cristã*. São Paulo: Paulus, 2016.

PAPA FRANCISCO. *Discurso aos participantes no Congresso Internacional dos Catequistas*. 10 de setembro de 2022. Disponível em: https://www.vatican.va/content/francesco/pt/speeches/2022/september/documents/20220910-congresso-int-catechisti.html. Acesso em: 26 abr. 2023.

_____. *Exortação Apostólica* Evangelii Gaudium. São Paulo: Paulinas, 2013.

PONTIFÍCIO CONSELHO PARA A PROMOÇÃO DA NOVA EVANGELIZAÇÃO. *Diretório para a catequese*. Brasília: Edições CNBB, 2020.

Capítulo 6

O papado de Francisco e a era da sinodalidade: uma nova dinâmica na Igreja

Pe. Eduardo Batista da Silva

Introdução

A sinodalidade é um princípio fundamental da Igreja Católica, que enfatiza a participação e a colaboração de todos os membros do povo de Deus na tomada de decisões e na governança da Igreja. Essa abordagem se baseia na convicção de que o Espírito Santo age por meio do conjunto do povo de Deus, e não apenas da hierarquia eclesiástica.

O Papa Francisco tem sido um forte defensor da sinodalidade desde o início de seu pontificado, em 2013. Ele acredita que a Igreja deve ser uma comunidade de discípulos missionários, na qual todos são chamados a contribuir com seus dons e experiências para o crescimento e a missão da Igreja.

Francisco enfatiza a importância de ouvir os fiéis, especialmente os marginalizados e os que estão distantes da Igreja, na busca de promover um diálogo aberto e sincero. Ele tem encorajado a realização de Sínodos, que são assembleias de bispos e outros representantes da Igreja, para discutir temas importantes e tomar decisões em conjunto.

Um exemplo notável do seu compromisso com a sinodalidade foi a realização do Sínodo dos Bispos sobre a Família em 2014 e 2015.

Esse Sínodo abordou questões pastorais relacionadas ao casamento, à família e à sexualidade. O papa convocou o Sínodo com o objetivo de envolver os bispos e outros líderes da Igreja em um diálogo franco e aberto sobre essas questões complexas e desafiadoras.

O processo sinodal incluiu a participação de famílias leigas e a consulta das bases, proporcionando um ambiente de escuta mútua e discernimento. De lá para cá, outros sínodos foram convocados e contaram com a participação de leigos e leigas, que se posicionaram ativamente diante das questões abordadas – Sínodo sobra a Juventude (2018), Sínodo para região Pan-Amazônica (2019), Sínodo sobre a sinodalidade (2021).

Além disso, o papa tem incentivado uma maior descentralização do poder dentro da Igreja, dando mais autoridade e responsabilidade às conferências episcopais regionais. Ele acredita que essa descentralização permitirá uma maior participação dos fiéis locais na tomada de decisões pastorais, tornando a Igreja mais sensível às necessidades e realidades específicas de cada região.

No dia 10 de outubro de 2021, o Papa Francisco fez a abertura em Roma do Sínodo dos Bispos, cujo tema será sobre a sinodalidade – "Para uma Igreja sinodal: comunhão, participação e missão". Nessa ocasião anunciou seu propósito de organizar o sínodo em duas fases – fase diocesana e fase romana –, possibilitando uma ampla consulta a todas as pessoas do orbe católica sobre o agir da Igreja e a maneira pela qual lida com os desafios da evangelização que abatem sobre essa instituição presente no mundo inteiro, com aproximadamente 1,2 bilhão de batizados.

A novidade desse sínodo é o desejo do papa de dar voz para todos os católicos manifestarem o que pensam sobre a Igreja. O foco será olhar para dentro de nós mesmos e perceber a direção de nossa fé diante das mudanças que acontecem em nossas famílias, na sociedade e na vida com um todo.

Nosso texto está dividido em três partes. Na primeira, apresentaremos a sinodalidade como expressão do povo de Deus no magistério do Papa Francisco, mostrando que a Igreja é formada pela comunidade dos batizados, destacando a dimensão do serviço como fonte para construção do Reino de Deus. Em seguida, mostraremos os passos dados para a convocação do sínodo sobre sinodalidade, explicando o significado desse modo de ser Igreja, assumido pelo pontificado de Francisco, para então chegarmos aos principais elementos que compõem a sinodalidade.

1 Sinodalidade de Francisco como expressão do povo de Deus

Na comemoração do 50º aniversário do Sínodo dos Bispos, o Papa Francisco disse que

> o caminho da sinodalidade é o caminho que Deus espera da Igreja no terceiro milênio. Por meio do sínodo nos tornamos o povo de Deus a caminho, por isso, a sinodalidade não designa um procedimento operacional, nem uma prática organizacional, mas a forma particular de ser, viver e agir da Igreja e do tempo (FRANCISCO, 2013, 602).

A organização da Igreja passa por três grandes instâncias: hierarquia, religiosos e leigos. Cada um deles possui o próprio lugar dentro da Igreja e exerce ministérios diferentes, porém todos eles fazem parte do povo de Deus. Sua dignidade foi incorporada mediante o batismo, e não pela função exercida dentro da Igreja. Todos são membros vivos da Igreja e são chamados a atuar na difusão do Reino de Deus, por meio de um projeto histórico de justiça e libertação de todas as pessoas.

Francisco recorda esse princípio fundamental na Exortação Apostólica *Evangelii Gaudium* (EG), quando lembra que "este povo se torna povo de Deus por meio do batismo e, na medida em que promovem a fé, a esperança e a caridade, forma um povo em marcha a serviço de todos. A comunidade do povo de Deus ultrapassa os ditames da hierarquia e segue em direção ao serviço e não ao poder, inaugurando, assim, um novo processo de estruturação eclesial" (EG, n. 120).

A comunidade do povo de Deus não é uma superestrutura, mas os batizados são feitos tais por graça e fé, configurando-se aos mais pequenos e pobres na luta por justiça e libertação (BOFF, 1994, 29). A Igreja nasce por iniciativa de Deus e, por isso, o critério de sua identidade está no serviço, na acolhida e na misericórdia, e não no poder ou na "divisão de classes".

A Igreja dos pobres[1] pode realmente oferecer um conteúdo de experiência da salvação a todas as pessoas; portanto, a Igreja povo de Deus deve manifestar o serviço e a promoção da missão evangelizadora, comprometendo-se mais concretamente com uma sociedade mais justa, fraterna, solidária e verdadeiramente cristã.

Essa compreensão do Papa Francisco é um desafio para a eclesiologia que foi assumida desde o Concílio Ecumênico Vaticano II, na Constituição Dogmática *Lumen Gentium* (LG); porém, agora, com a vigência da sinodalidade, sublinha o que é comum a todos os cristãos, restaurando a dignidade de batizados, em que todos os membros – hierarquia ou não – são ativos tanto na vida interna como na missão da Igreja (LG, n. 9).

Estar ao lado dos mais pequenos e pobres, dos excluídos que não têm voz nem vez, é promover a missão eclesial em todas as instâncias, e é o que Francisco tem realizado desde sua eleição como

---

1. A expressão "Igreja dos pobres" foi dita pelo Papa João XXIII em um de seus discursos do Concílio Vaticano II, a 11 de setembro de 1962, quando declarou: "A Igreja deve se apresentar como ela é e deseja ser: uma Igreja de todos, mas, hoje, mais do que nunca, como Igreja dos pobres" (JOÃO XXIII, 1962).

bispo de Roma. Independentemente do ministério exercido, todos os membros do povo de Deus são os destinatários primeiros do Reino anunciado por Jesus.

As Conferências Gerais dos Bispos da América Latina e do Caribe, tendo sido a última realizada em 2007, em Aparecida, da qual Francisco participou ativamente, entenderam a Igreja a partir da prática e da realização de uma eclesiologia que parte do contexto sociocultural e espiritual subjacente às marcas históricas de seu povo e de seu tempo.

O Documento de Aparecida (DAp) assinala: "A Igreja não é mais aquela Igreja para o povo ou Igreja do povo, mas é a Igreja povo de Deus entre os povos do mundo que têm consciência de ser portadores da missão total da Igreja" (DAp, n. 6).

Para o Papa Francisco, o Reino de Deus não se constrói sozinho, mas se realiza na constante referência ao Reino como manifestação visível, concreta e histórica da Graça libertadora. Sua missão se dá por meio do conjunto ministerial de permanente serviço ao mundo a partir dos diversos carismas e ministérios (EG, n. 130). Em um mundo tão marcado por injustiça, reafirmar o desejo de que o mundo querido por Deus ultrapasse as barreiras da divisão é fundamental para firmar seu compromisso com o amor, a fraternidade, a justiça e a solidariedade.

Promover uma prática de participação, como propõe a prática da sinodalidade, contribuiu para o crescimento da consciência da corresponsabilidade de todos os membros do povo de Deus na missão evangelizadora e na vivência mais profunda da comunhão dentro da Igreja. Buscar pelo "caminhar juntos" suscita novas forças de engajamento pastoral e promove a comunhão e a participação. Entre os membros do povo de Deus, não deve existir divisão, mas comunhão plena de serviço e construção do Reino de Deus (FRANCISCO, 2015, 1142).

A sinodalidade promove, portanto, a participação de todos de acordo com a vocação de cada um. A identidade batismal compartilhada move a enriquecer a ligação entre o *sensus fidei*, o discernimento comunitário e a autoridade pastoral.

Desse modo, a dignidade profética do povo se manifesta por meio dos diversos carismas e ministérios, e, por isso, a unidade desse povo, do qual todos os homens e mulheres são chamados a fazer parte, deve ser manifestação plena da unidade entre todos, tendendo para um único fim, o anúncio de Jesus Cristo e a libertação de todas as pessoas (FRANCISCO, 2015, 1143).

Mediante essa renovação da compreensão eclesiológica apresentada pelo Vaticano II, e agora enfatizada no ministério/magistério do Papa Francisco, a evangelização que tinha como protagonistas os membros da hierarquia e de ordens religiosas passou para uma corresponsabilidade entre todos os membros do povo de Deus, ampliando, assim, os sujeitos eclesiais e fazendo com que a missão de alguns se tornasse missão de todos.

2 Um sínodo sobre a sinodalidade

A palavra sinodalidade tem origem no grego *sunodos*, que significa "caminhar juntos". Esse conceito reflete a ideia de que a Igreja é uma comunidade de discípulos de Jesus Cristo que são chamados a percorrer o caminho da fé juntos, compartilhando responsabilidades, experiências de vida e inspirações do Espírito Santo.

O instinto da fé – *sensus fidei* – é a ação do Espírito Santo, que auxilia todos os fiéis batizados no discernimento que vem de Deus (EG, n. 119). No discurso comemorativo do cinquentenário da instituição do Sínodo dos Bispos, em 17 de outubro de 2015, o Papa Francisco declara que foi, exatamente, pelo instinto da fé que lhe veio a ocasião de consultar o povo de Deus no duplo sínodo sobre a família, pois "como teria sido possível falar da família sem interpelar as famílias, auscultando as suas alegrias e as suas esperanças, os seus sofrimentos e as suas angústias?" (FRANCISCO, 2015, 1143).

Na compreensão do Papa Francisco, escutar é mais do que ouvir (EG, n. 171): "É uma escuta recíproca, onde cada um tem algo a aprender. O povo fiel, Colégio Episcopal, bispo de Roma: cada um à escuta dos outros; e todos à escuta do Espírito Santo, o Espírito da verdade, para conhecer aquilo que ele diz às Igrejas" (FRANCISCO, 2015, 1144).

Um sínodo não é um parlamento onde se ganha no voto a proposição da maioria. Como o próprio Documento preparatório (DP) do Sínodo indica, "é na fecunda ligação entre o *sensus fidei* do povo de Deus e a função magisterial dos pastores que se realiza o consenso unânime de toda a Igreja na mesma fé" (DP, n. 14).

Sínodo é a convocação de todo o povo de Deus a escutar uns aos outros a partir do Espírito Santo de Deus. No caso deste sínodo em específico, que refletirá sobre a própria sinodalidade da Igreja – o agir da Igreja –, começará por escutar os fiéis leigos em suas comunidades paroquiais, juntamente com seus presbíteros e diáconos, posteriormente continuará o mesmo exercício na escuta aos bispos, como mestres da fé e pastores em suas Igrejas particulares, para por fim culminar na escuta do bispo de Roma, o papa, quando chamado a se pronunciar como Pastor de todos os cristãos, não a partir das suas convicções pessoais, mas como suprema testemunha da fé de toda a Igreja.

A sinodalidade exprime a própria essência da Igreja quando o Concílio Vaticano II declara que as Igrejas particulares só existem quando em comunhão com o bispo de Roma, princípio e fundamento da unidade eclesial: "O bispo de Roma, como princípio e fundamento de unidade da Igreja, pede que todos os bispos e todas as Igrejas particulares, nas quais e a partir das quais existe a Igreja Católica una e única (LG, n. 23), entrem com confiança e coragem no caminho da sinodalidade" (DP, n. 15).

A sinodalidade não se limita apenas ao clero, mas também engloba os leigos, que desempenham um papel crucial na vida da Igreja.

A participação dos leigos é encorajada e valorizada, reconhecendo-se que todos os batizados são chamados a ser testemunhas do Evangelho e a contribuir com seus talentos e habilidades para o crescimento da comunidade cristã.

A sinodalidade envolve a prática da escuta mútua, do diálogo fraterno e da colaboração entre os diferentes membros da Igreja. É um convite para superar as estruturas hierárquicas rígidas e promover uma cultura de coletividade, em que todas as vozes sejam ouvidas e consideradas na busca da vontade de Deus (DP, n. 22).

A sinodalidade se expressa em vários níveis da Igreja. Em nível local, ela se manifesta nas assembleias paroquiais, nos conselhos pastorais e nos diversos grupos e movimentos que buscam discernir os caminhos da comunidade local. Em nível diocesano, os bispos são chamados a ouvir o povo de Deus e a promover a participação dos leigos na tomada de decisões pastorais.

Por meio do processo de consulta proposto por Francisco a todos os membros ativos e até mesmo às pessoas não envolvidas diretamente na Igreja Católica Romana, ele pretende abstrair que a multidão dos fiéis é primordial para o futuro do cristianismo, pois, considerando o real lugar que a Igreja ocupa na vida das pessoas e da própria sociedade, é imprescindível questionar-se onde estão as lacunas da evangelização e as deficiências que precisam ser remediadas.

O Documento preparatório do sínodo sobre sinodalidade nos dá a conhecer a premissa de partida: "Anunciando o Evangelho, uma Igreja sinodal 'caminha em conjunto': como é que este 'caminhar juntos' se realiza hoje na vossa Igreja particular? Que passos o Espírito nos convida a dar para crescermos no nosso 'caminhar juntos'?" (DP, n. 26).

Para tanto, são convidados a desdobrar esta premissa em outras questões circundantes ao drama da transmissão da fé na cultura atual: "1. Que experiências da vossa Igreja particular a interrogação fundamental vos traz à mente? 2. Que alegrias proporcionaram?

Que dificuldades e obstáculos encontraram? Que feridas fizeram emergir? Que intuições suscitaram? 3. Onde, nestas experiências, ressoa a voz do Espírito? O que ela nos pede? Quais são os pontos a confirmar, as perspectivas de mudança, os passos a dar? Onde alcançamos um consenso? Que caminhos se abrem para a nossa Igreja particular?" (DP, n. 26).

O Documento preparatório deixa explícito que o desejo da escuta não se dará somente sobre as questões corriqueiras à vida da Igreja, na sua relação entre bispos e fiéis, ou mesmo com os bispos e seus pares e com o próprio papa. O papa quer ir além dessas relações. Deseja escutar as várias formas de vida monástica, religiosa e consagrada, das associações e movimentos laicais, das instituições eclesiais e eclesiásticas de diferentes tipos – escolas, universidades, hospitais, fundações, instituições de caridade e assistenciais etc. Quer saber como a Igreja e seus diferentes segmentos religiosos se integram.

O processo de escuta deseja alcançar os mais diversos ambientes e grupos sociais específicos, como as instituições do mundo da política, da economia, das finanças, do trabalho, dos sindicatos, das associações empresariais, das organizações não governamentais, da sociedade civil, dos movimentos populares, minorias de vários tipos, pobres, excluídos etc. (DP, n. 28-29).

3 Elementos para compreensão da sinodalidade no magistério do Papa Francisco

O pontificado do Papa Francisco abre uma nova fase na recepção do Concílio Vaticano II, convidando toda a Igreja a discernir o modelo eclesial para avançar no terceiro milênio, a partir da experiência do diálogo, da participação de todos os membros do povo de Deus, e até em mudanças na atuação institucional da Igreja.

O apelo de Francisco é fazer-se próximo às pessoas e suas necessidades, partindo de estruturas pastorais aptas, marcadas pelo sinal da sinodalidade. A Igreja deve transmitir o mistério da comunhão que une todos os batizados, e a diversidade de carismas que estão no seio da comunidade deve estar sempre a serviço da unidade.

Todas as comunidades eclesiais devem se manter abertas à dimensão da comunhão católica, a fim de que, em primeiro lugar, se realize o Reino de Deus, Reino este que ultrapassa as fronteiras da Igreja. A ação dos cristãos deve ser, antes de tudo, expressão imanente do Reino de Deus, pois não deve se esgotar no espaço institucional ou confessional, mas se prolongar no engajamento histórico, enquanto cidadãos, na perspectiva de um mundo justo e solidário para todos (EG, n. 190).

Para compreender melhor a relação do Papa Francisco com a sinodalidade, é importante compreender alguns elementos que a compõem, de modo que cada um desses contribui para a construção de uma comunidade eclesial mais participativa e inclusiva.

Comunhão: a sinodalidade se baseia na compreensão de que todos os batizados são chamados a viver em comunhão, formando um único corpo de Cristo. A comunhão implica reconhecer e respeitar a diversidade dos dons e carismas presentes na comunidade, promovendo a colaboração e a fraternidade.

Na sinodalidade, a comunhão é valorizada como um princípio fundamental para o discernimento e a tomada de decisões. Ela envolve o compartilhamento de experiências, conhecimentos, sabedoria e opiniões, permitindo que a diversidade de vozes seja ouvida e considerada. Nesse contexto, a comunhão não se limita à mera cooperação ou concordância superficial, mas busca a união mais profunda ao bem comum.

É esse elemento que implica uma atitude de escuta ativa e acolhedora. Isso requer a superação de qualquer forma de autoritarismo, centralização excessiva do poder ou exclusão de certos grupos e indivíduos. É a comunhão sinodal que reconhece que a sabedoria coletiva e a ação conjunta são essenciais para enfrentar os desafios e discernir os caminhos. Além disso, a comunhão na sinodalidade também envolve um compromisso com a solidariedade e a partilha.

Os membros da comunidade são chamados a colocar em prática os princípios do amor fraterno e do cuidado mútuo, buscando o bem-estar de todos e especialmente dos mais vulneráveis.

Por fim, Francisco destaca em seu ministério a comunhão como um processo mútuo de diálogo e discernimento. As decisões devem sempre ser tomadas em conjunto, após um período de escuta, reflexão e debate, levando em consideração a diversidade de perspectivas e a busca do bem comum. Somente assim será possível construir comunidades eclesiais mais participativas, inclusivas e responsáveis.

Diálogo: o diálogo é um aspecto fundamental da sinodalidade. Ele envolve ouvir atentamente as diferentes vozes e perspectivas presentes na comunidade, valorizando a contribuição de cada pessoa. O diálogo sincero e aberto promove a compreensão mútua, ajuda no discernimento das questões e permite a busca de soluções que sejam enriquecedoras para todos.

No dialogo sinodal, é essencial que todas as vozes sejam ouvidas e consideradas. Isso significa que não apenas a hierarquia tem o direito de expressar suas opiniões, mas também os fiéis leigos trazem suas experiências e perspectivas únicas. O diálogo na sinodalidade também requer humildade e disposição.

Uma das principais características do pontificado do Papa Francisco tem sido o seu empenho em promover um diálogo inter-religioso e intercultural. Ele busca estabelecer laços e promover a cooperação com líderes de outras religiões, a fim de promover a paz, o respeito mútuo e a tolerância religiosa. Ele defende que, por meio do diálogo, é possível encontrar pontos comuns e construir um terreno compartilhado para abordar questões globais, como pobreza, justiça social e meio ambiente.

Além disso, Francisco enfatiza a importância de a Igreja estar sempre disposta a ouvir e a se adaptar às necessidades das pessoas. Acredita que essa é uma ferramenta poderosa para promover a paz, a justiça e a solidariedade entre as nações.

"*Sensus fidei*" *[senso da fé] e a corresponsabilidade eclesial*: os fundamentos da sinodalidade, o papa os indica a partir da eclesiologia do Concílio Vaticano II. Ele se refere explicitamente aos números 10 e 12 da Constituição dogmática *Lumen Gentium*: "Todos os batizados como constituintes do povo de Deus; a unção espiritual dos fiéis e a infalibilidade *in credendo*; o *consensus fidelium*; a participação do povo de Deus na função profética de Cristo" (LG, n. 10).

Nesse contexto, Francisco expressa o sentido propriamente sinodal do *sensus fidei*: ele se caracteriza como um "'olfato' para discernir as novas estradas que o Senhor abre para a Igreja" (FRANCISCO, 2015, 1143). Trata-se do discernimento pastoral.

Sensus fidei: refere-se à capacidade instintiva dos fiéis de reconhecer e discernir os ensinamentos autênticos da Igreja. O conceito reconhece que o Espírito Santo está atuante em todo o povo de Deus, guiando-os em sua compreensão da fé. Não se limita à hierarquia ou aos teólogos, mas se estende a todos os fiéis batizados.

A corresponsabilidade eclesial, por sua vez, enfatiza a responsabilidade compartilhada de todos os membros da Igreja na realização da sua missão. Reconhece que cada membro da Igreja, de acordo com seus dons e vocação particulares, tem um papel a desempenhar na construção do Corpo de Cristo. O Papa Francisco tem falado extensivamente sobre a importância tanto do *sensus fidei* quanto da corresponsabilidade eclesial. Ele incentiva a Igreja a promover uma cultura de diálogo, consulta e colaboração, na qual todos os membros possam contribuir com seus dons em benefício da comunidade.

Discernimento espiritual e pastoral: a sinodalidade envolve o discernimento comunitário, uma busca conjunta pela vontade de

Deus em relação aos desafios e decisões que a comunidade enfrenta. Trata-se de um processo que requer escuta atenta, oração e busca sincera pela vontade de Deus.

Para o Papa Francisco, o discernimento espiritual e pastoral trata-se de um processo contínuo e dinâmico que envolve escuta atenta, reflexão, oração e consulta. Ele incentiva os católicos a cultivar uma profunda vida de oração pessoal, a fim de estarem abertos à ação do Espírito Santo e discernirem a vontade de Deus em todas as situações.

O papa também enfatiza a importância de uma abordagem pastoral que esteja enraizada no discernimento espiritual, bem como da valorização da diversidade de perspectivas e experiências como fonte de enriquecimento mútuo, e como meio de alcançar uma compreensão mais completa da vontade de Deus. Uma pastoral que passe pelo discernimento comunitário é uma ação que faz ecoar a voz do Espírito. Somente assim será possível que a Igreja chegue às periferias existências e mostre o verdadeiro rosto de Cristo à humanidade.

Esses são apenas alguns elementos que compõem a sinodalidade na Igreja. No entanto, é importante ressaltar que a sinodalidade não é apenas uma teoria ou estrutura organizacional, mas sim uma maneira de ser Igreja, de viver a fé e de caminhar juntos como discípulos missionários de Jesus Cristo.

Conclusão

Durante os dez anos do pontificado do Papa Francisco, vimos sua abordagem mais pastoral e progressista em questões sociais e de vulnerabilidade. Abordou temas que necessitam de misericórdia e inclusão, formando, assim, uma Igreja mais acolhedora e aberta aos sinais dos tempos.

Além disso, o papa também se envolveu em questões globais, como mudanças climáticas, justiça social, promoção da paz e do diálogo internacional etc. Temas desafiadores dos quais não teve mede de abordar e mostrar uma abertura da parte da Igreja para diversas realidades.

Apesar dos desafios, o pontificado de Francisco teve um impacto significativo na Igreja e na sociedade geral. Sua mensagem humilde, simples e carregada de compaixão ressoou em muitas pessoas ao redor do mundo. O legado que ele deixa, certamente, continuará a ser discutido e avaliado nos próximos anos.

O desejo de ter uma Igreja mais próxima às pessoas e fazer cumprir princípios fundamentais do Concílio Vaticano II fizeram com que esse tema da sinodalidade se tornasse tão forte e tão urgente no seu governo pastoral. Uma Igreja mais aberta e mais servidora permite que as decisões sejam mais assertivas e a valorização dos carismas e ministérios sejam efetivados na prática.

A sinodalidade no pontificado do Papa Francisco promove uma Igreja mais participativa e colaborativa, mais atenta às necessidades humanas, em que todos os fiéis batizados são vistos com a mesma dignidade. Trata-se de um novo tempo na Igreja, no qual todos são chamados a uma verdadeira corresponsabilidade na realização da missão da Igreja.

Referências

BOFF, Leonardo. *Igreja: carisma e poder*. São Paulo: Ática, 1994.
CONCÍLIO ECUMÊNICO VATICANO II. Constituição Dogmática *Lumen Gentium*. In: _____. *Documentos*. Brasília: Edições CNBB, 2018.
CONSELHO EPISCOPAL LATINO-AMERICANO (CELAM). *Documento de Aparecida*. São Paulo: Paulinas/Paulus; Brasília: Edições CNBB, 2007.
DOCUMENTO PREPARATÓRIO DO SÍNODO. *Para uma Igreja sinodal. Comunhão, participação e missão*, 2023.
FRANCISCO, Papa. Discurso aos Padres Sinodais na abertura dos trabalhos sinodais. *Acta Apostolicae Sedis*, 107 (2015).

_____. *Discurso por ocasião da 70ª Assembleia Geral da Conferência Episcopal Italiana*. 22 de maio de 2017. Disponível em: https://www.vatican.va/content/francesco/pt/speeches/2017/may/documents/papafrancesco_0170522_70assemblea-cei.html. Acesso em: 26 jun. 2023.

_____. *Exortação Apostólica Evangelii Gaudium. Sobre o anúncio do Evangelho no mundo atual*. São Paulo: Paulus: 2013.

INSTITUTO NACIONAL DE PASTORAL. *Presença pública da Igreja no Brasil (1952-2002)*. Jubileu de Ouro da CNBB. São Paulo: Paulinas, 2003.

KUZMA, César. *Leigos e leigas. Força e esperança da Igreja no mundo*. São Paulo: Paulus, 2009.

Capítulo 7

Recepção do estilo do Vaticano II na educação cristã: caminho de superação dos desafios segundo o Papa Francisco

Leila Maria Orlandi Ribeiro

Introdução

Jesus deixou aos discípulos a missão de ensinar todos os povos a guardar tudo o que ele havia ensinado (Mt 28,19-20). Conhecer Jesus faz parte de um longo processo de amadurecimento do ser humano que se desenvolve durante toda a vida. "Desde a origem, até o fim dos tempos, a obra divina consiste, portanto, em educar seu povo" (DUFOUR, 2013, 262).

Para Paulo Freire, tanto na educação formal como na não formal, "quanto mais conscientizados nos tornamos, mais capacitados estamos para ser anunciadores e denunciadores, graças ao compromisso de transformação que assumimos" (FREIRE, apud BORGES, 2018, 28). A conscientização do ser humano com vistas à transformação em prol do bem comum é, pois, reflexo do Evangelho de Jesus e fundamento da educação cristã. Segundo o Papa Paulo VI, na Exortação Apostólica *Evangelii Nuntiandi* (EN): "O campo próprio da [...] atividade evangelizadora é o mundo [...] da política, da realidade social e da economia, e, ainda, outras realidades abertas para a evangelização, como o amor, a família, a educação [...], o trabalho profissional e o sofrimento" (EN, n. 70).

O destaque do Papa Paulo VI à educação como um dos campos da evangelização vai ao encontro do que preconiza o estilo do Concílio Vaticano II, qual seja: guardar e ensinar o patrimônio essencial da revelação divina, com formas renovadas de exposição do patrimônio da fé. Perante os desafios à educação cristã para tal missão, qual é a proposta apresentada pelo Papa Francisco? Com o objetivo de compreender até que ponto as orientações do Papa Francisco à educação refletem a recepção do estilo conciliar, verifica-se: 1. Qual é o estilo do Vaticano II. 2. Como ocorre a recepção do estilo conciliar pela Igreja e, particularmente, pelo Papa Francisco. 3. Quais são os desafios à educação cristã. 4. Qual é a proposta do Papa Francisco, baseada no estilo do Vaticano II, para o enfrentamento dos desafios à educação.

1 O estilo do Concílio Vaticano II

De início, é importante esclarecer quais são as características do estilo do Concílio Vaticano II. O principal chamado do Concílio à Igreja e à humanidade foi para que todos se convertessem ao estilo de seus ensinamentos. Tal apelo é identificado no discurso *Gaudet Mater Ecclesia* (GME) do Papa João XXIII, na abertura do Concílio, e se reflete em todos os seus documentos.

Segundo o historiador O'Malley, com as orientações do Concílio, "o Papa João XXIII e o Concílio distanciaram-se de uma abordagem de bronca e desconfiança com relação ao mundo, [...] fazendo uso do remédio da misericórdia mais do que de severidade [...] demonstrando a validade do ensino [da Igreja], mais do que de suas condenações" (O'MALLEY, 2015, 5). Para O'Malley, mesmo não usando a palavra "reconciliação", fica evidente que o Papa João XXIII falava em reconciliar-se com um passado de sentenças condenatórias por parte da Igreja. A reconciliação exigida pelo Concílio dirige-se "não somente aos membros da Igreja, mas a toda a humanidade"

(O'MALLEY, 2015, 14). Era, então, o momento de a Igreja reconciliar-se com o mundo.

No discurso de abertura de João XXIII, o tema da reconciliação apareceu, mas de modo discreto e completamente genérico. O Concílio assumiu-a como orientação fundamental e impregnou-a de alcance notável. Estendeu-a para a relação da Igreja com as culturas não ocidentais, com os cristãos não católicos, com os crentes não cristãos, com a nova situação econômica, social e política do mundo moderno, com o problema da consciência histórica moderna e, em seu documento final, com toda a humanidade (O'MALLEY, 2015, 15).

A reconciliação é uma resposta à situação de crise do catolicismo, apontada nos documentos do Concílio como uma "nova era" de abertura da Igreja para a humanidade. A Igreja passa a viver com o povo suas lutas, e partilha com ele suas alegrias e tristezas. A Constituição Pastoral *Gaudium et Spes* (GS) afirma que "as alegrias e as esperanças, as tristezas e as angústias dos homens de hoje, sobretudo dos pobres e de todos aqueles que sofrem, são também as alegrias e as esperanças, as tristezas e as angústias dos discípulos de Cristo" (GS, n. 1).

Além de ser um Concílio pastoral, que pede à Igreja a reconciliação com a humanidade, o Vaticano II é também, por seu estilo linguístico, notadamente de abertura e de convite, e não mais de imposição. Segundo O'Malley, o convite parte:

> Das leis aos ideais; das ordens aos convites; das ameaças à persuasão; da coerção à consciência; do monólogo ao diálogo; da obsessão pelo pecado ao reconhecimento da dignidade; do de cima para baixo para a partilha; do monarca ao líder servidor; da exclusão à inclusão; da hostilidade à amizade; da rivalidade à parceria; da procura de defeitos à busca de pontos comuns; do menosprezo à compaixão; da modificação de comportamento

para a busca da santidade; Em suma, do afastamento à reconciliação (O'MALLEY, 2015, 19).

Na visão de O'Malley, a missão do Concílio Vaticano II é a de mostrar que a Igreja é "mãe amorosa de todos, benigna, paciente, cheia de misericórdia e bondade" (O'MALLEY, 2015, 2). O caminho proposto pelo Concílio é o da misericórdia, do diálogo e da bondade, com vistas à reconciliação.

Para que haja reconciliação, o estilo conciliar implica conversão, o que se desenvolve em um caminho de santidade. Na trilha de conversão, fundada no amor e na misericórdia, o teólogo jesuíta César Alves apresenta a oportunidade de a Igreja lançar um olhar atento ao passado, com o propósito de voltar às fontes (ALVES, 2013, 8), para "tirar do tesouro coisas novas e coisas antigas" (Mt 13,52). Com isso, Alves aponta a oportunidade de a Igreja (clero e fiéis leigos) verificar o que foi bom e deve ser cultivado, como também o que não foi bom e deve ser renovado. E assim a Revelação divina, que se plenifica em Jesus Cristo, seja ensinada ao mundo atual de uma forma nova, atualizada em seus métodos, para ser acolhida nos dias de hoje por cada cultura em particular.

A fim de a Igreja alcançar a renovação exigida pelo Concílio, Alves identifica quatro elementos a serem considerados, que, segundo o autor, "compõem a raiz última do que o discurso *Gaudet Mater Ecclesia* determinou" para toda a Igreja (ALVES, 2013, 16). O estilo do Vaticano II trouxe para a Igreja as seguintes características e exigências:
1. Manter a atitude fundamental de amor e misericórdia (ALVES, 2013, 17). Segundo Alves, "esta é a atitude básica com a qual o objetivo do Concílio deve ser alcançado" (ALVES, 2013, 17), pois, nas palavras de João XXIII, "agora, a esposa de Cristo prefere usar mais o remédio da misericórdia do que o da severidade" (GME, n. 2), que vinha sendo utilizado até então.

2. Abraçar a realidade dos dias de hoje (ALVES, 2013, 17). "A atitude contrária impede a detecção da ação e da presença positivas do Espírito Santo nos tempos atuais" (Ibidem). Mesmo diante de tantas ações do Espírito Santo nos dias de hoje, alguns cristãos não analisam as coisas de modo sereno e ponderado e só enxergam a ruína do estado atual da sociedade. Diz João XXIII: "Devemos discordar desses profetas da desventura, que anunciam acontecimentos sempre infaustos, como se estivesse iminente o fim do mundo" (GME, n. 3). Porém, ao lado dos aspectos negativos, sempre existem coisas boas, e essas devem ser reconhecidas nos dias de hoje nos recônditos da providência divina, especialmente junto aos cristãos que se colocam em diversos lugares para o bem da humanidade.
3. Guardar e ensinar o patrimônio essencial da revelação divina, que deve ser sempre mantido (ALVES, 2013, 18). O Concílio Vaticano II, ao utilizar as figuras do "'remédio da misericórdia' e do [...] 'amor cristão' [...] adota a atitude da Nova Aliança, que é a base para a Igreja conservar o patrimônio divino revelado em plenitude em Jesus de Nazaré" (ALVES, 2013, 16). Este é o patrimônio a ser ensinado pela Igreja: a mesma doutrina da fé mantida pela Igreja é transmitida a todas as gerações por todo o sempre.
4. Renovar a forma de expor o patrimônio da fé, de maneira adequada aos dias atuais e às mais diferentes culturas (ALVES, 2013, 18). O que o Concílio exige, portanto, é a renovação dos métodos para se transmitir a doutrina da fé, pois, para João XXIII, "o que mais importa é que o depósito sagrado da doutrina cristã seja guardado e ensinado de forma mais eficaz" (GME, n. 1).

Assim, o estilo do Concílio se resume no caminho traçado para a Igreja, marcado pela misericórdia, à busca do Espírito Santo nos sinais dos tempos, na manutenção do depósito da fé, e com a transmissão da fé de forma eficaz à humanidade. Tal estilo se embasa na vivência dos princípios cristãos.

2 A recepção do estilo do Vaticano II pela Igreja e pelo Papa Francisco

O etilo de vida da Igreja, de reconciliação, amor e misericórdia, preconizado pelo Vaticano II, foi recebido entre altos e baixos. Até que encontrou profundo eco no Papa Francisco. Segundo O'Malley, o Papa Francisco fez frutificar o estilo do Concílio, "como nunca tinha tido desde o pontificado de João XXIII" (O'MALLEY, 2015, 19).

A identificação do Papa Francisco com o estilo do Vaticano II pode ser vista nas suas orientações à educação. Dentre outras, para que ensine ao ser humano os caminhos para pensar criticamente com vistas ao bem do próximo, descobrindo Deus em cada uma das pessoas, com solidariedade e preocupação com os mais pobres, medianeira da concórdia e da paz.

3 Alguns desafios permanecem

Perante a necessidade de adequação da educação às exigências dos dias atuais, permanece o que Paulo VI já destacava: a dificuldade de articular o conteúdo essencial da educação da fé a uma forma mais oportuna de transmissão; ao mesmo tempo que haja unidade das Igrejas particulares com a Igreja Universal e com toda a humanidade. De acordo com Paulo VI,

> o problema é sem dúvida delicado. A evangelização perderia algo da sua força e da sua eficácia se ela porventura não levasse em consideração o povo concreto a que ela se dirige [...]. Por outro lado, a evangelização correria o risco de perder a sua

alma e de se esvaecer se fosse despojada do seu conteúdo, sob o pretexto de a traduzir melhor. Só uma Igreja que conserva a consciência da sua universalidade [...] pode ter uma mensagem capaz de ser entendida por todos (EN, n. 63).

As dificuldades consistem, portanto, na distinção entre o que é conteúdo essencial da educação e quais os elementos secundários, já que, segundo Paulo VI, sua "apresentação depende fortemente das circunstâncias, que se diversificam" (EN, n. 35). Paulo VI destaca que, no centro do conteúdo da educação, está a libertação em Cristo Jesus. Podem mudar os métodos de transmissão da fé, mas a fé em Jesus Cristo é sempre a mesma.

Alerta o Papa Paulo VI que "toda libertação que se pretende estritamente temporal e política desvia-se do seu ideal, pois suas motivações não são a justiça e a caridade, seu impulso não é a dimensão espiritual e sua finalidade não é a salvação e a beatitude em Deus" (EN, n. 35). A educação, atenta, além do conteúdo essencial, aos métodos adequados para sua transmissão, se mantém fiel ao propósito libertador que se realiza em Jesus Cristo.

Os desafios à educação cristã libertadora se avolumaram nos dias atuais, em decorrência da pandemia, e seus efeitos ainda perduram. Segundo o Fundo das Nações Unidas para a Infância, com o fechamento das escolas por causa da pandemia, "educação, segurança, amizade e nutrição foram substituídas por ansiedade, violência e gravidez precoce". As perdas que crianças e jovens sofreram por não estarem na escola podem nunca ser recuperadas.

No Brasil, apesar de a educação ser direito de todos, com o respeito comum de uns pelos outros, conforme estabelecido pela Constituição Federal, artigo 205, a realidade é bem distinta. Em 2023, os resultados da pesquisa sobre "as Múltiplas Dimensões da Pobreza na Infância e na Adolescência no Brasil" detectaram que existem hoje, no país, ao menos 32 milhões de crianças e adolescentes (63% do total de 51 milhões) vivendo na pobreza, em suas múltiplas dimensões (BRASIL, 2023). Segundo a Avaliação do UNICEF no Brasil, a pobreza multidimensional na infância e na adolescência vai além da renda. Inclui "estar fora da escola, viver em moradias precárias, não ter acesso à água e a saneamento, não ter uma alimentação adequada, estar em trabalho infantil e não ter acesso à informação" (BRASIL, 2023). Na maioria das vezes, essas privações se sobrepõem, agravando os desafios enfrentados pelos jovens. O olhar atento à realidade da pobreza multidimensional conduz a se colocar a educação, desde a mais tenra idade até a universidade, no centro das ações humanas, associada às outras instâncias das políticas públicas. A pobreza multidimensional no Brasil, como também na grande maioria dos países da América Latina, clama pela solidariedade do ser humano. Por isso, é missão de todos mudar o que for preciso, em especial esta é a missão dos cristãos.

Diante dos desafios, a fim de que as culturas e os tempos atuais sejam respeitados e a Tradição da Igreja seja mantida, importa verificar como a educação vem recebendo as orientações do Concílio, especialmente as do documento *Veritatis Gaudium* (VG) do Papa Francisco.

4 Proposta do Papa Francisco para a educação, como reflexo do estilo conciliar

Na Constituição Apostólica *Veritatis Gaudium*, o Papa Francisco indica a necessidade de uma renovação do modelo educacional, em especial os estudos superiores católicos à luz da Tradição. Aponta Francisco à necessidade de uma "mudança radical de paradigma" e uma "corajosa revolução cultural" para que ocorra a "renovação do sistema dos estudos superiores" (VG, n. 3). Com isso, o Papa diz que se mantém a mesma doutrina, mas os métodos e a forma de apresentá-la é que precisam ser renovados.

O Papa Francisco justifica a necessidade da mudança na educação, alegando que "a alegria da verdade (*Veritatis Gaudium*) é expressão do desejo ardente que traz inquieto o coração de cada ser humano enquanto não encontra, habita e partilha com todos a Luz de Deus" (VG, n. 1). Assim, "na verdade [...] que é Jesus, o Verbo de Deus, em quem está a Vida que é a Luz dos homens [...] a Igreja [...] deve testemunhar e anunciar, sem interrupção e com uma paixão sempre nova, na sua missão" (VG, n. 1). Essa nova paixão é o que guia a educação para o anúncio de Jesus. Para isso, o Papa Francisco destaca a necessidade de a investigação científica ser conduzida por estudiosos provenientes de vários credos religiosos e de diferentes áreas da ciência. Ao interagir com liberdade, transparência, respeito e fraternidade, por meio do diálogo fraterno e respeitoso, priorizem o cuidado da natureza e a defesa dos pobres.

(a) Torna-se indispensável a criação de centros de investigação onde possam interagir, com liberdade responsável e transparência mútua, estudiosos provenientes dos vários universos religiosos e das diferentes competências científicas, de modo a estabelecerem diálogo entre si, visando ao cuidado da natureza, a defesa dos pobres, a construção de uma rede de respeito e de fraternidade (VG, n. 5).

Francisco indica quatro critérios para que ocorra a renovação da educação em uma Igreja em saída:
a) Ensino e vivência da alegria do Evangelho. A alegre notícia do Evangelho, ensinada e experimentada, transforma a vida da humanidade, pois "a contemplação e a introdução espiritual, intelectual e existencial no coração do querigma, ou seja, da feliz notícia, sempre nova e fascinante do Evangelho de Jesus, cada vez mais e melhor se vai fazendo carne na vida da Igreja e da humanidade" (VG, n. 4a).
b) Diálogo para a busca da Verdade. O diálogo é a exigência que faz possível a comunidade acadêmica chegar a viver a

Verdade, no bem do próximo. "O diálogo sem reservas [...] [é] exigência para fazer experiência comunitária da alegria da Verdade e aprofundar o seu significado e implicações práticas" (VG, n. 4b).

c) Interdisciplinaridade e transdisciplinaridade à luz da Revelação. Ambas são o critério para a unidade do saber quando "exercidas com sabedoria e criatividade à luz da Revelação" (VG, n. 4c). O princípio da unidade do saber nas diferentes investigações, "em uma pluralidade de saberes, correspondente à riqueza multiforme da realidade na luz patenteada pelo evento da Revelação [...] em Cristo Jesus" (VG, n. 4c). Sobretudo a transdisciplinaridade é oportunidade de "fermentação de todos os saberes dentro do espaço de Luz e Vida oferecido pela Sabedoria que dimana da Revelação de Deus" (VG, n. 4c).

d) Fraternidade universal no respeito à natureza e em prol dos pobres. A criação de redes de fraternidade entre as várias instituições, concebendo "o planeta como pátria e a humanidade como povo que habita uma casa comum" (LS, n. 164), possibilita que o Evangelho chegue a todos. Pois, com o impulso do Vaticano II, a Igreja assume uma renovada presença na história, e, para isso, adquire o rosto das diversas culturas, mantendo-se ao mesmo tempo fiel ao anúncio do Evangelho e à tradição eclesial. Em um mundo marcado pelo pluralismo ético-religioso, a educação busca "comunicar cada vez melhor a verdade do Evangelho em um contexto determinado, sem renunciar à verdade, ao bem e à luz que pode dar quando a perfeição não é possível" (VG, n. 5). No empenho de que o Evangelho seja escutado por todos, a educação visa manter "o cuidado da natureza, a defesa dos pobres e a construção de uma rede de respeito e de fraternidade" (VG, n. 5), pois a fraternidade universal leva o ser humano a ver Deus no próximo e, como consequência, a caminhar na busca da felicidade dos outros.

Segundo Francisco, a fraternidade universal "sabe ver a grandeza sagrada do próximo e descobrir Deus em cada ser humano, tolerar as moléstias da convivência agarrando-se ao amor de Deus e abrir o coração ao amor divino, na procura da felicidade dos outros, como a procura o seu bom Pai" (VG, n. 4c). Essa é a dívida dos cristãos para com a humanidade, porque "Deus, em Cristo, não redime somente a pessoa individual, mas também as relações sociais entre os homens" (VG, n. 4d).

A prática dos critérios elencados pelo Papa Francisco na Universidade exige renovação dos procedimentos acadêmicos e na investigação científica, em um mundo marcado pelo pluralismo ético e religioso. Pois

> os estudos eclesiásticos não se podem limitar a transferir conhecimentos para os homens e mulheres do nosso tempo, mas devem abraçar a tarefa urgente de elaborar instrumentos intelectuais úteis para o anúncio em um mundo marcado pelo pluralismo ético-religioso. As questões do nosso povo, as suas aflições, batalhas, sonhos, lutas, preocupações possuem um valor hermenêutico que não podemos ignorar. As suas perguntas ajudam-nos a questionar-nos, as suas questões interrogam-nos (VG, n. 5).

O grande desafio é, portanto, a renovação da educação, do ponto de vista "cultural, espiritual e educativo [...] que nos guie, ilumine e sustente na fé jubilosa e inabalável em Jesus crucificado e ressuscitado, centro e Senhor da história" (VG, n. 6).

Conclusão

Os critérios da *Veritatis Gaudium* são um grande desafio à educação, por colocar o ser humano no centro do processo educativo. Manter como prioridade a vivência da alegria do Evangelho, o diálogo na busca da Verdade, a interdisciplinaridade, a transdisciplinaridade à luz da Revelação e o "cuidado da natureza e a defesa dos pobres, pela construção de uma rede de respeito e de fraternidade" (VG, n. 5), são os desafios a superar. Além de ser lugar de formação qualificada, as instituições de educação se transformem em uma espécie de laboratório cultural que interprete a realidade à luz de Jesus (VG, n. 3).

Persistem, portanto, algumas questões: o estilo conciliar tem sido aplicado na educação? Como isso vem ocorrendo? Quais são os avanços e as dificuldades que persistem na educação em relação às orientações do Papa Francisco?

A proposta do Papa Francisco inclui uma revolução na educação, fundamentada nas armas da misericórdia e do diálogo, que coloque o ser humano no centro do processo educativo, com vistas a acolher, cuidar e curar tantas pessoas feridas que ainda se encontram à beira das possibilidades educacionais nos dias de hoje.

Referências

ALVES, César. Para uma hermenêutica apropriada do Vaticano II. O discurso inaugural de João XXIII e o objetivo do Concílio. *Gregorianum* 94, 1 (2013) 5-34.

BORGES, Gabriela Fernanda Silva. Conscientização: teoria e prática da libertação. Uma introdução ao pensamento de Paulo Freire. *Criar educação*, 2018. Disponível em: https://periodicos.unesc.net/ojs/index.php/criaredu/article/view/3742/4424. Acesso em: 25 jun. 2023.

BRASIL. *UNICEF para cada criança*. 14 de fevereiro de 2023. Disponível em: https://www.unicef.org/brazil/comunicados-de-imprensa/ha-32-mi

lhoes-de-criancas-e-adolescentes-na-pobreza-no-brasil-alerta-unicef. Acesso em: 05 mar. 2023.

DUFOUR, Dany-Robert. *A cidade perversa*. Rio de Janeiro: Civilização Brasileira, 2013.

FRANCISCO, Papa. *Constituição Apostólica Veritatis Gaudium. Sobre as Universidades e as Faculdades Católicas (VG, 2017)*. São Paulo: Paulinas, 2018.

JOÃO XXIII, Papa. *Discurso de Sua Santidade na abertura solene do Concílio Vaticano II. Gaudet Mater Ecclesia (GME)*. Roma, 11 de outubro de 1962. Disponível em: http://www.vatican.va/content/john-xxiii/pt/speeches/1962/documents/hf_j-xiii_spe_19621011_opening-council.html Acesso em: 25 maio 2023.

LIBÂNEO, José Carlos. *Didática*. São Paulo. Cortez, 1994.

O'MALLEY, John W. Vaticano II. A crise, a resolução, o fator Francisco. *Cadernos Teologia Pública*, ano XII, n. 94, v. 12, 2015. Instituto *Humanitas* Unisinos. Disponível em: http://www.ihu.unisinos.br/images/stories/cadernos/teopublica/094_cadernosteologia-publica.pdf. Acesso em: jul. 2020.

PAULO VI, Papa. *Evangelii Nuntiandi (EN, 1975)*. São Paulo: Paulinas, [7]1981.

VATICANO II. *Gaudium et Spes (GS, 1965)*. Disponível em: http://www.vatican.va/archive/hist_councils/ii_vatican_council/documents/vat-ii_const_19651207_gaudium-et-spes_po.html. Acesso em: 25 maio 2023.

Capítulo 8

A influência da Teologia do Povo sobre o magistério do Papa Francisco

Pe. Irineu Claudino Sales

Introdução

Pensando que toda teologia é contextual, propomo-nos a refletir sobre a influência da Teologia do Povo no ministério do Papa Francisco, tendo em vista que esta fez parte do seu contexto de formação intelectual e sempre influiu nas suas práticas e escolhas pastorais. Tomamos como base os estudos do teólogo jesuíta argentino Juan Carlos Scannone, que possui uma obra intitulada *A Teologia do Povo: raízes teológicas do Papa Francisco* (2019), além de fazer uso de outros referenciais teóricos sobre a Teologia do Povo, enquanto um ramo da teologia autenticamente latino-americana, que é a Teologia da Libertação.

No caminho argumentativo dividido em quatro partes, pretendemos relacionar o ministério do Papa Francisco com: a Teologia do povo, a opção pelos pobres, a escuta das periferias, e apontar três possíveis vias de aproximação entre Teologia do Povo e o magistério do Papa Francisco. Relacionando o Papa Francisco com a Teologia do Povo, desejamos compreender melhor o atual Sumo Pontífice, bem como tentar desvendar possíveis novidades para toda a Igreja que possam surgir dessa relação.

1 A Teologia da Libertação e suas expressões: peruana e brasileira; argentina – do Povo

Na América Latina, no ano de 1968, após o Concílio Ecumênico Vaticano II, aconteceu a Conferência Episcopal de Medellín, que foi uma recepção criativa das inspirações do Vaticano II. Em Medellín foram lançadas as bases da Teologia da Libertação, mais tarde sistematizada por Gustavo Gutiérrez em sua obra intitulada *Teologia da libertação: perspectivas*, lançada em 1971.

Como a Teologia da Libertação foi o substrato para o surgimento de novos ramos teológicos, daí queremos destacar apenas duas vertentes: a Teologia da Libertação peruano-brasileira e a Teologia da Libertação argentina, também conhecida como Teologia do Povo.

Quanto ao surgimento do nome Teologia do Povo e seu conceito, citamos: "'Teologia argentina do povo', um nome que Juan Luis Segundo deu a ela, ao criticá-la, e que Sebastián Politi também adotou, porém tornando-se o seu defensor. Gutiérrez a caracteriza como 'uma corrente com características próprias dentro da Teologia da Libertação'[...]" (SCANNONE, 2019, 32).

Veja que dentro da Teologia da Libertação é possível falar de teologias ou ramificações teológicas. "Habitualmente se aceita uma distinção entre duas expressões da Teologia da Libertação na América Latina. Por um lado, há versão argentina, e, por outro lado, a versão mais comum, inspirada sobretudo na linha peruano-brasileira" (COMBLIN, 2011, 104). Tendo em vista estas duas expressões da Teologia da Libertação, somos convidados a distinguir as particularidades de cada uma delas. "A diferença estaria nas mediações. A primeira recorre à mediação da história político-cultural da América Latina, ou, no caso, da Argentina; a outra usa a mediação de ciências sociais, sobretudo do marxismo" (COMBLIN, 2011, 104).

Pensando nas mediações, percebemos que na Teologia da Libertação peruano-brasileira se admitiu o uso da metodologia marxista, enquanto tal metodologia não foi admitida na Teologia do Povo – Argentina. "Na verdade, o que diferencia a Teologia da Libertação da *Teologia de Pueblo* é que na Argentina nunca foram utilizadas nem a metodologia marxista de análise da realidade nem categorias tomadas do marxismo (SCANNONE, 2013)" (DANTAS, 2019, 70).

É importante destacar uma observação do teólogo da libertação José Comblin: "[...] o recurso a temas marxistas é mais uma ilustração simbólica do que instrumentalização real, pois em lugar algum as categorias marxistas entram na exposição teológica" (COMBLIN, 2011, 105).

Outra diferença entre estas duas expressões da Teologia da Libertação está no enfoque em que a Teologia do Povo – Argentina deu à fé popular, entendida como fruto de uma piedade popular. Na versão peruano-brasileira o aspecto da fé popular era tido como subtendido, no entanto, na Teologia do Povo – Argentina isso ficou explícito desde o início. "Nela [Teologia do Povo] existia a consciência de estar obrigada à opção preferencial pelos pobres como também à fé popular, e nos pobres se via provocada a fazer referência ao encontro libertador com Deus. A tal teologia estava e está próximo Jorge Mario Bergoglio" (WERBICK, 2019, 17).

Nesse contexto efervescente na América Latina, do surgimento da Teologia da Libertação e da estruturação da Teologia do Povo, foi ordenado presbítero o jovem Bergoglio, na época com 33 anos de idade. Já como pontífice, em uma entrevista concedida a Spadaro, o Papa Francisco admite a influência em seu pensamento do padre Lucio Gera, considerado o fundador da Teologia do Povo (DANTAS, 2019, 70). "Durante a sua entrevista com Antonio Spadaro, o Papa Francisco fala explicitamente de Lucio Gera, além de Henri de Lubac e Michel de Certaux, como alguns dos teólogos mais significativos para ele" (HÜNERMANN, 2019, 19).

2 O Papa Francisco e o cerne da Teologia do Povo: a opção pelos pobres

Na Conferência de Medellín, a Igreja na América Latina deu um passo além do Concílio Vaticano II, sendo sensível à realidade sofrida do povo latino-americano, que se via mergulhado na situação desumana de subdesenvolvimento. Em Medellín, a Igreja assumiu a opção pelos pobres, que é o centro de toda Teologia da Libertação, bem como da Teologia do Povo – Argentina.

Como afirma Comblin: "Ser pobre na América Latina, ser 'povo', é não ser nada, ser marginalizado e explorado – é ser tido como objeto que se usa quando se precisa e se rejeita quando é desnecessário" (COMBLIN, 2011, 106). Nesse contexto de marginalização, a Teologia da Libertação assume que a evangelização deve tomar como principal tarefa a opção pelos pobres e a sua libertação integral.

Quais são os pobres de Jesus Cristo? No tempo de frei Bartolomeu eram os índios. E hoje? Os evangelhos mostram Jesus em busca dos seus pobres: ele envia seus apóstolos para as ovelhas perdidas do povo de Israel. Quais são hoje as ovelhas perdidas do povo de Israel? Com certeza os mesmos que aparecem no seu discurso em Mt 11: cegos, aleijados, leprosos, surdos e pobres, que resume todas as outras categorias. Nos evangelhos essas palavras de Jesus recebem destaque particular, o que mostra que estão muito vivas na consciência da primeira comunidade, e que constituem a orientação básica para o comportamento dos primeiros discípulos (COMBLIN, 2011, 242).

O Evangelho de Jesus Cristo continua sempre atual e deve ser sempre o parâmetro para nosso proceder de discípulos missionários, no entanto, exige de nós uma atualização constante de seus princípios no hoje da história humana. Daí precisamos refletir: quem são os pobres de nosso tempo? A quem o Evangelho escolhe como os prediletos de Deus?

Um conceito clássico de pobre é: são todos aqueles que sofrem de fundamental carência econômica, privados de bens materiais necessários para uma existência digna (BOFF; PIXLEY, 1986, 19). No entanto, percebemos que o conceito de pobre transcendeu os limites socioeconômicos e se refere também a todos os que habitam as "periferias", seja elas geográficas ou existenciais, como bem aponta o Papa Francisco em sua Exortação Apostólica *Evangelii Gaudium* (EG), de 2013.

A compreensão de pobre hoje não pode se restringir apenas ao aspecto econômico; é preciso ampliar o conceito de pobre para todos aqueles e aquelas que são vítimas do mundo pós-moderno, vítimas de algum tipo de opressão. Falamos dentro da categoria dos pobres reais, de "pobrezas" de outras espécies que a socioeconômica, falamos de "pobrezas" de caráter sociocultural[1].

A Teologia do Povo, como expressão da Teologia da Libertação, faz a opção pelos pobres para tirá-los da condição de pobreza. O intuito é de promover a libertação integral, fazendo os pobres deixarem o lugar de vítimas para se tornarem os sujeitos da própria libertação.

Sobre os pobres e a Igreja, o Papa Francisco enfatiza na Exortação Apostólica *Evangelii Gaudium* seu programa de governo: "Por isso, desejo uma Igreja pobre para os pobres. Estes têm muito para nos ensinar" (EG, n. 198); "Há que afirmar sem rodeios que existe um vínculo indissolúvel entre a nossa fé e os pobres. Não os deixemos sozinhos!" (EG, n. 48). No rosto do pobre resplandece o rosto flagelado de Jesus Cristo clamando por ressurreição. O Papa Francisco relembra à toda Igreja a evangélica opção prefe-

---

1. Mencionamos como exemplos de pobreza sociocultural: "a discriminação racial, a étnica e a sexual. [...] a das minorias estrangeiras, religiosas ou homossexuais; a dos deficientes físicos e mentais; a dos anciões etc. [...] Trata-se dos negros, dos índios e das mulheres" (BOFF, Clodovis; PIXLEY, Jorge, *Opção pelos pobres*, Petrópolis, Vozes, 1986, 27).

rencial pelos pobres, opção basilar e sempre em destaque na Teologia do Povo – Argentina.

Para a Teologia do Povo, como o próprio nome já o indica, a categoria povo ganha grande relevância. Dentro da chamada "'escola argentina' o povo não é compreendido tanto a partir do território ou da classe social como a partir da cultura como 'estilo de vida comum do povo'" (SCANNONE, 2019, 27). O povo não é compreendido como uma grande massa de manobra, mas é reconhecido no seu potencial como agente transformador da realidade e do destino de sua história. "[...] os pobres que, pelo menos de fato, na América Latina, são os guardiões da cultura própria de seu povo, enquanto sujeitos estruturantes de sua maneira de conviver: são os seus interesses que coincidem com um projeto histórico de justiça e de paz" (SCANNONE, 2019, 26).

Na Teologia do Povo reconhece-se o valor da piedade popular e seu potencial evangelizador. O tema da piedade popular perpassou o Documento de Medellín, o Documento de Puebla e ganhou definição[2] na Exortação Apostólica Pós-sinodal *Evangelii Nuntiandi* (EN), de 1975. "Por um lado, com efeito, considera-se a religião [...] na esteira de Paul Tillich, como o núcleo da cultura de um povo, e, por outro, dessa vez Paulo VI, faz-se referência à piedade 'dos pobres e dos simples'" (SCANNONE, 2019, 30).

3 Ouvir as periferias: os pobres de ontem e de hoje

O Papa Francisco, primeiro pontífice latino-americano, declarou-se na sua primeira aparição pública como "o papa do fim do

---

2. O Papa Paulo VI apresenta a seguinte definição: "Se essa religiosidade popular, porém, for bem orientada, sobretudo mediante uma pedagogia da evangelização, ela é algo rico de valores. [...] nós chamamos-lhe de bom grado 'piedade popular', no sentido religião do povo, em vez de religiosidade" (EN, n. 48).

mundo". Com tal expressão se destaca um movimento de abertura, de uma Igreja predominantemente eurocentrada para uma Igreja que, ao buscar o novo papa na Argentina, nos revela o desejo de uma verdadeira catolicidade. Ele é "o primeiro Papa proveniente da América Latina e com ele as periferias do Sul do mundo são postas no centro da Igreja, permitindo entender melhor como a sua universalidade não pode deixar de colocar, em primeiro plano, os mais pobres [...]" (REPOLE, 2019, 42).

O fato de o Papa Francisco ser argentino e lá ter vivido a maior parte do seu ministério ordenado, em si, já é um sinal de que é preciso ouvir as periferias. Com Francisco, a Igreja se abre para acolher o comando de alguém que não vêm do grande centro do catolicismo europeu. Papa Francisco vem não só do "fim do mundo", mas também das "periferias" da Igreja Latino-Americana. As vozes das periferias agora podem reverberar no coração da Igreja, pois o bispo de Roma tem suas raízes fundamentadas na evangélica opção pelos pobres, e sua biografia de vida demonstra que ele sempre esteve atento ao clamor dos oprimidos.

> Isso não significa que as perspectivas oferecidas por Francisco estejam privadas de certa originalidade. Pode-se, ao contrário, afirmar que elas remontam ao lugar do qual Jorge Mário Bergoglio provém. [...] Elas carregam, além disso, a herança daquela especial versão da teologia latino-americana que atende sob o nome de "teologia do povo", além do mais, da singular espiritualidade que já responde às instâncias modernas, como é a inaciana (REPOLE, 2019, 17).

A opção pelos pobres tem sido assunto recorrente no pontificado do Papa Francisco, e sua interpretação tem contribuído para a atualização do conceito de pobre em um mundo cada vez mais plural e mutável. Antes os pobres eram tidos como os explorados na sua força de trabalho; na atualidade eles "não são explorados, mas resíduos, sobras" (EG, n. 53). O bispo de Roma convoca a Igreja a uma saída missionária que vá em direção aos outros, para chegar às periferias humanas (EG, n. 46) que não respeitam os limites territoriais das periferias geográficas, podendo extrapolá-los. Embora, quase sempre, a periferia geográfica abarque realidades da periferia existencial, ambas podem se manifestar de modo individualizado.

Nesse contexto precisamos aprender a ouvir as periferias, já que os pobres têm muito a nos ensinar no caminho da evangelização. Como "Igreja em saída", precisamos ajudar os pobres de nosso tempo a se tornarem, por meio de uma evangelização integral, protagonistas de seus destinos. Assim, "cada cristão e cada comunidade são chamados a ser instrumentos de Deus a serviço da libertação e promoção dos pobres, para que possam integrar-se plenamente na sociedade; isto supõe estar docilmente atentos para ouvir o clamor do pobre e socorrê-lo" (EG, n. 187).

Sem uma escuta sincera do clamor dos pobres, a Igreja nunca será uma Igreja pobre e dos pobres, como deseja o Papa Francisco. Ouvir as periferias é ter coragem de ir ao encontro, de se abrir ao diferente, ao novo, e até mesmo de deixar-se afetar. Diz o Papa Francisco: "Prefiro uma Igreja acidentada, ferida e enlameada por ter saído pelas estradas, a uma Igreja enferma pelo fechamento e pela comodidade de se agarrar às próprias seguranças. Não quero uma Igreja preocupada em ser o centro, e que acaba presa em um emaranhado de obsessões e procedimentos" (EG, n. 49).

Consideremos ainda que, "como toda a Teologia da Libertação, a corrente argentina emprega o método 'ver, julgar, agir' e, para o seu ver crente, utiliza, portanto, a mediação interdisciplinar das ciências humanas e sociais" (SCANNONE, 2019, 40). Ouvir é parte constituinte do método da Teologia do Povo na etapa do ver. E para fazer uma escuta qualificada que permita ver a realidade, em um mundo cada vez mais plural, se faz uso das mediações científicas. Já que o pobre habita nas periferias geográficas ou existenciais, é preciso ouvir o clamor dos periféricos, para emplacarmos uma evangelização que seja verdadeiramente relevante aos homens e mulheres de nosso tempo. No fundo, o clamor dos periféricos, ou seja, dos pobres, é por humanização, que para nós cristãos só atinge sua plenitude na acolhida generosa do Evangelho de Jesus Cristo.

4 Papa Francisco: um papa forjado na Teologia do Povo

O teólogo da libertação brasileiro Leonardo Boff, refletindo sobre a relação do Papa Francisco com a Teologia da Libertação, afirma: "Muitos se têm perguntado se, pelo fato de o atual Papa Francisco provir da América Latina, seja um adepto da Teologia da Libertação. [...] O importante não é ser da Teologia da Libertação, mas da libertação dos oprimidos, dos pobres e injustiçados" (BOFF, 2014, 88).

É nas ações do Papa Francisco, nas escolhas, nos seus documentos e encaminhamentos, que ficam bem claros os pressupostos da Teologia do Povo. No entanto, um papa antes de tudo deve se preocupar com o seu pastoreio, com a unidade da Igreja, com os direcionamentos da fé, e não ser um teólogo de plantão.

> Antes "magistério" era constituído pelos doutores e professores de teologia, e não pelos bispos e pelo papa. [...] Portanto, aos bispos e papas não cabia fazer teologia: mas testemunhar oficialmente e garantir zelosamente a fé cristã. [...] Quando papas se põem a fazer teologia, como ocorreu recentemente, não se sabe se falam como papas ou como teólogos. Cria-se grande confusão na Igreja; perde-se a liberdade de investigação e o diálogo com os vários saberes (BOFF, 2014, 91).

Do caminho feito até aqui, podemos demonstrar a influência da Teologia do Povo na vida e missão do Papa Francisco em três grandes vias:

1. Opção pelos pobres. Como herdeiro da cultura teológica latino-americana, a opção pelos pobres perpassa como pano de fundo as ações, documentos e orientações do Papa Francisco. Um dos marcos referenciais para que a Igreja nunca se esqueça dos pobres foi a criação, no Ano Santo Extraordinário da Misericórdia (2016), do Dia Mundial dos Pobres.
2. Opção pelo povo. É preciso que se constitua antes como povo, "a partir da cultura como 'estilo de vida comum do povo'" (SCANNONE, 2019, 27), para depois se tornar então povo de Deus. Segundo o Papa Francisco, o verdadeiro povo de Deus é constituído a partir de quatro princípios, cunhados sobre o pensamento do filósofo e teólogo Romano Guardini, que é citado na Exortação Apostólica *Evangelii Gaudium*: "1) o tempo é superior ao espaço; 2) a unidade prevalece sobre o conflito; 3) a realidade é mais importante do que a ideia; 4) o todo é superior à parte" (BORGHESI, 2018, 112). É partindo da opção pelo povo que se torna possível aquilo que o Papa Francisco designa como "cultura do encontro".
3. A valorização da piedade popular. Apontada como prática da Teologia do Povo que ajuda a vencer o secularismo e o indiferentismo religioso, além de ser um instrumento para uma evangelização inculturada. A piedade popular é qualificada pelo Papa Francisco na sua Exortação Apostólica *Evangelii Gaudium*:

> As formas próprias da religiosidade popular são encarnadas, porque brotaram da encarnação da fé cristã em uma cultura popular. Por isso mesmo, incluem uma relação pessoal, não com energias harmonizadoras, mas com Deus, Jesus Cristo, Maria, um Santo. Têm carne, têm rostos. Estão aptas para alimentar potencialidades relacionais e não tanto fugas individualistas (EG, n. 90).

O caminho de valorização da piedade popular pode ainda ajudar a vencer um dos grandes desafios[3] da Igreja, que é o clericalismo, tendo em vista que na piedade popular os leigos e leigas assumem o lugar de um protagonismo espontâneo.

No tocante à Teologia do Povo, como uma das expressões da Teologia da Libertação, que estaria presente nas raízes do pensamento do Papa Francisco, concordamos com Leonardo Boff, quando este afirma: "Não importa que o Papa Francisco não use a expressão 'teologia da libertação'. O importante mesmo é que ele fala e age na forma de libertação" (BOFF, 2014, 90). Concluímos que a Teologia do Povo faz parte do contexto existencial do Papa Francisco, desse homem que antes de ser papa estava próximo de tal teologia não só intelectualmente, mas também com a suas escolhas de vida. "Hoje, em todo caso, a sua influência é universal, pois de fato ela constitui uma das raízes teológicas da pastoral e do estilo de governo do Papa Francisco" (SCANNONE, 2019, 46).

Conclusão

A imagem do poliedro, utilizada em diversos momentos pelo Papa Francisco, retrata bem o caminho que fizemos neste breve percurso. O poliedro, nas suas diversas facetas, pode simbolizar a própria teologia, que em uma de suas faces se revela com características latino-americanas enquanto Teologia da Libertação, e esta por sua vez engendra como uma de suas variadas expressões a Teologia do Povo.

A Teologia do Povo está presente no magistério do Papa Francisco, manifestando-se em seu programa de governo. Podemos constatar a influência da Teologia do Povo sobre o pontificado atual

---

3. Na Exortação Apostólica *Evangelii Gaudium*, o Papa Francisco aponta o clericalismo como um dos grandes desafios atuais da Igreja (EG, n. 102).

fazendo uma análise a partir de três pontos de aproximação: a opção pelos pobres, a opção pelo povo, a valorização da piedade popular.

O Papa Francisco faz a opção pelos pobres se destacar no coração da Igreja como um todo, recordando a todos nós a preferência de Deus pelos pobres e apontando que esta deve ser também a opção de todos os discípulos e discípulas missionários de Jesus Cristo.

A opção pelos pobres deve nos questionar sobre quem são os pobres de nosso tempo, tendo em vista que não é mais coerente pensar a pobreza somente do ponto de vista socioeconômico. É preciso estarmos atentos aos novos pobres que a pós-modernidade tem gerado. Os pobres voltam a ser a opção preferencial de toda a Igreja, como em um retorno às primeiras comunidades cristãs onde ninguém passava necessidade (cf. At 2,44).

Apresentamos a Teologia do Povo como uma das faces do poliedro, sem termos a intenção de absolutizar tal teologia ou apresentá-la como modelo perfeito. Conhecer a caminhada da Teologia do Povo nos auxilia na compreensão das raízes e opções do Papa Francisco, que sem negar a história de vida que o constitui é agora chamado a dar conta do "poliedro, no qual as diversidades se refletem em uma unidade que as respeita sem as reduzir à uniformidade" (SCANNONE, 2019, 266).

Referências

BOFF, Clodovis; BOFF, Leonardo. *Da libertação. O sentido teológico das libertações sócio-históricas*. Petrópolis: Vozes, ²1979. (Centro de Investigação e Divulgação. Teologia, 19).
BOFF, Clodovis; PIXLEY, Jorge. *Opção pelos pobres*. Petrópolis: Vozes, 1986.
BOFF, Leonardo. *Francisco de Assis e Francisco de Roma. Uma nova primavera na Igreja*. Rio de Janeiro: Mar de Ideias, ²2014.
BORGHESI, Massimo. *Jorge Mario Bergoglio: uma biografia intelectual. Dialética e mística*. Petrópolis: Vozes, 2018.
COMBLIN, José. *Povo de Deus*. São Paulo: Paulus, ³2011.

DANTAS, José Erivaldo. *O conceito de "Igreja em saída" como princípio hermenêutico do pensamento do Papa Francisco.* Dissertação (Mestrado em Ciência da Religião) – Pontifícia Universidade Católica de São Paulo, São Paulo, 2019.

FRANCISCO, Papa. *Exortação Apostólica* Evangelii Gaudium. São Paulo: Loyola, ²2013.

GUTIÉRREZ, Gustavo. *Teologia da Libertação. Perspectivas.* São Paulo: Loyola, ⁹2000.

HÜNERMANN, Peter. *Homens segundo Cristo hoje. A antropologia do Papa Francisco.* Brasília: CNBB, 2019. (A teologia do Papa Francisco, 3).

MIRANDA, Mario de França. *A reforma de Francisco. Fundamentos teológicos.* São Paulo: Paulinas, 2017. (Coleção Francisco).

PASSOS, João Décio. *A Igreja em saída e a casa comum. Francisco e os desafios da renovação.* São Paulo: Paulinas, 2016. (Coleção Francisco).

PAULO VI, Papa. *Exortação Apostólica* Evangelii Nuntiandi. São Paulo: Paulinas, ²²2011.

REPOLE, Roberto. *O sonho de uma Igreja evangélica. A eclesiologia do Papa Francisco.* Brasília: CNBB, 2019. (A teologia do Papa Francisco, 4).

SCANNONE, Juan Carlos. *A Teologia do Povo. Raízes teológicas do Papa Francisco.* São Paulo: Paulinas, 2019. (Coleção Francisco).

WERBICK, Jürgen. *A fraqueza de Deus pelo homem. A visão do Papa Francisco sobre Deus.* Brasília: CNBB, 2019. (A teologia do Papa Francisco, 1).

Capítulo 9

A urgência da mensagem do Papa Francisco na *Laudato Si'*: construir um mundo melhor juntos!

Pe. Renato Quezini

Introdução

A humanidade é intrinsecamente relacional desde sua constituição. O Papa Francisco com muita frequência nos recorda isso, que somos seres de relação. O ser humano torna-se pessoa humana na medida em que se relaciona com o outro que o cerca. "Adquirimos" hábitos e linguagem humana na relação com a humanidade que nos é mediada pela família, pela escola, pelas mais básicas relações sociais. Nesse processo, criam-se hábitos e tradições que manifestam o modo de agir dos agrupamentos humanos, isto é, cria-se um *ethos*. Os diferentes grupos e instâncias têm diferentes *ethos*, que estão ligados a sua história e constituição.

A Igreja Católica, nestes dois mil anos de existência, formou princípios sociais orientadores para a ação dos cristãos e, por conseguinte, da Igreja. Esses princípios são condensados na Doutrina Social da Igreja (DSI) e reafirmam os elementos da vida humana indispensáveis para a vivência do Evangelho.

O presente texto está dividido em três partes: em um primeiro momento apresentamos resumidamente os princípios da DSI que focam na importância da dignidade humana; em seguida, abordamos os desafios da atualidade que impedem a plena realização do ser humano em sua dignidade; para concluir com a grande contribuição do Papa Francisco, no seu conceito de ecologia integral presente na encíclica *Laudato Si'* (LS).

1 Os princípios da Doutrina Social da Igreja

Nem sempre os temas ligados à Doutrina Social da Igreja encontram acolhida no coração dos fiéis. Faz-se mister investir na formação de agentes de pastoral conscientes, com conhecimento de causa para que possam oferecer às comunidades um saber qualificado. Jesus, o Verbo de Deus encarnado, deve inspirar a Igreja a ser fiel ao seu Senhor, encarnando-se também na história da humanidade, trabalhando para que as pessoas experimentem condições de vida que as aproximem mais do desígnio salvífico de Deus.

Encarnar-se significa assumir as condições histórico-sociais nas quais o ser humano vive, entendendo que essas realidades terrestres não são estranhas a Deus nem à Igreja, já que ela vive neste mundo no qual Deus se faz presente para encontrar-se com a humanidade.

Os princípios da DSI apresentam-se como balizas orientadoras que englobam o conjunto da realidade social, com as múltiplas relações que a constituem enquanto sociedade. Eles expressam a verdade inteira sobre o homem e advêm do encontro com a mensagem evangélica, que está sintetizada no mandamento supremo do amor e que em cada tempo traz novas exigências no confronto com os problemas da sociedade (DSI, n. 160-161).

Os princípios da Doutrina Social da Igreja estão sintetizados em quatro princípios: a dignidade da pessoa humana (base fundamental para todos os princípios), bem comum, subsidiariedade e solidariedade. Estes princípios têm uma íntima conexão e uma interdependência entre eles, isto é, só fazem sentido se estiverem juntos.

O princípio da dignidade humana afirma que o homem recebeu do próprio Deus uma dignidade incomparável e inalienável (DSI, n. 105). É criatura e imagem de Deus, pessoa humana e não objeto, homem e mulher que têm a mesma dignidade (DSI, n. 110-111). A pessoa humana jamais pode ser pensada unicamente na sua individualidade, a partir de si mesma, mas deve ser pensada na relação com os demais (DSI, n. 125). Ela é uma unidade de corpo e alma na qual se realiza tanto na dimensão material, enquanto se realiza em liberdade, como está aberto à transcendência, ao ilimitado do ser (DSI, n. 127-130). O homem é único, irrepetível, inteligente, consciente, e deve ser compreendido em sua ineliminável singularidade (DSI, n. 131).

O princípio do bem comum não consiste na simples soma dos bens particulares de cada sujeito do corpo social. Sendo de todos e de cada um, é e permanece comum, porque indivisível e porque somente juntos é possível alcançá-lo, aumentá-lo e conservá-lo, também em vista do futuro. Tendo como pano de fundo a interação social entre grupos e indivíduos membros, enfatiza o conjunto de condições de vida social que permitem o pleno desenvolvimento do ser humano. Esse princípio só pode ser alcançado, conservado e aumentado quando todos empenham suas energias juntos na transformação da sociedade (DSI, n. 164). Enquanto o agir moral do indivíduo alcança sua realização quando este faz o bem, o agir social atinge sua plenitude quando realiza o bem comum. "O bem comum pode ser entendido como a dimensão social e comunitária do bem moral" (DSI, n. 165).

O princípio da subsidiariedade amplia o cuidado da pessoa humana, expandindo-a para o cuidado com a família, os grupos, as associações e com as realidades territoriais locais. Não se pode ignorar a dimensão econômica, social, cultural, desportiva, política e profissional da vida, mas no seu crescimento deve-se observar como ocorre o cuidado com a vida humana (DSI, n. 185).

Por fim, o princípio da solidariedade tem como horizonte a igualdade entre todos em direitos e dignidades, a sociabilidade constituinte do ser humano. Não se podem ignorar as enormes desigualdades entre países desenvolvidos e os que estão em desenvolvimento, especialmente porque muitas vezes essa disparidade tem por base formas de exploração, opressão e corrupção. Tal situação exige um empenho no plano ético-social a fim de afastar situações de injustiça em todo o país (DSI, n. 192). "A solidariedade deve ser tomada, antes de tudo, no seu valor de princípio social ordenador das instituições, com base no qual devem ser superadas as estruturas de pecado" (DSI, n. 193).

O Papa Francisco tem vivido o seu pontificado em plena sintonia com os princípios apontados da dignidade da pessoa humana, do bem comum, da subsidiariedade e da solidariedade. Constata-se o seu empenho em encarnar o Evangelho na realidade da vida.

2 Os desafios da atualidade

Antes de adentrarmos especificamente na reflexão da LS, faz-se necessário, a partir do que vimos acima, baseados na DSI, constatar quais são os cenários de desigualdade social pelos quais passa o mundo neste momento histórico. Estamos distantes de viver os princípios básicos, e dentre eles o da solidariedade, que tem como horizonte, como já dito aqui, a igualdade entre todos, garantindo direitos e dignidades, a sociabilidade constituinte do ser humano.

O Papa Francisco, profeta do nosso tempo, não ignora as enormes desigualdades entre os países desenvolvidos e os que estão em desenvolvimento, especialmente porque essa disparidade tem por base formas de exploração, opressão e corrupção.

O pontífice, nas comemorações dos 75 anos da Organização das Nações Unidas para a Alimentação e a Agricultura (FAO), afirmou:

Para a humanidade, a fome não é só uma tragédia, mas também uma vergonha. Em grande parte é provocada por uma distribuição desigual dos frutos da terra, à qual se acrescentam a falta de investimentos no setor agrícola, as consequências das mudanças climáticas e o aumento dos conflitos em várias regiões do planeta (FRANCISCO, 2020).

Se é verdade que a globalização nos aproxima, também é verídico que ela "[...] beneficiou, especialmente, os genocídios; gerou a interdependência entre todos, mas não a solidariedade e o sentido de um destino comum" (BOFF, 2020, 25). Tal situação exige um empenho no plano ético-social, a fim de afastar situações de injustiça em todo o mundo. "A solidariedade deve ser tomada, antes de tudo, no seu valor de princípio social ordenador das instituições, com base no qual devem ser superadas as estruturas de pecado" (DSI, n. 193).

A solidariedade é também uma verdadeira e própria virtude moral, não um sentimento de compaixão vaga ou de enternecimento superficial pelos males sofridos por tantas pessoas próximas ou distantes. Pelo contrário, é a determinação firme e perseverante de se empenhar pelo bem comum, ou seja, pelo bem de todos e de cada um, pois todos nós somos corresponsáveis uns pelos outros.

A solidariedade eleva-se ao grau de virtude social fundamental, pois se coloca na dimensão da justiça, virtude orientada por excelência para o bem comum, e na "aplicação em prol do bem do próximo, com a disponibilidade, em sentido evangélico, para 'perder-se' em benefício do próximo em vez de o explorar, e para 'servi-lo' em vez de o oprimir para proveito próprio" (cf. Mt 10,40-42; 20,25; Mc 10,42-45; Lc 22,25-27) (SRS, n. 38).

Diante do exposto, percebe-se que o princípio da dignidade humana está suposto e ao mesmo tempo ampliado nos outros. A pessoa humana não está isolada do conjunto de relações que modelam a sociedade. Não é possível pensar a dignidade humana de modo isolado, sem considerar o tempo e o espaço dentro dos quais está inserida. A formação étnica, cultural e as relações experimentadas moldam a maneira de ver e perceber a realidade. Contudo, deve-se considerar que essa dinâmica ocorre dentro de um horizonte limitado, quase minúsculo, quando se considera o conjunto. Aqui se encontra o grande desafio que Francisco tem como pano de fundo quando escreve sua encíclica.

3 O conceito de ecologia integral na *Laudato Si'*

Preocupado com a crise planetária vivida em nossos tempos, o líder da Igreja Católica escreveu a Carta Encíclica *Laudato Si'*, sobre o cuidado com a casa comum, em 2015. Nela, o pontífice faz um forte apelo ao diálogo entre os saberes e as ciências, e também evoca a figura de Francisco de Assis como modelo e inspiração para uma prática do cuidado com a criação (LS, n. 10). Esse apelo do Papa é dirigido não somente aos cristãos, mas também a todos os cidadãos do planeta.

Destacou ele em uma videomensagem: "Todos podemos colaborar, cada um com a própria cultura e experiência, cada um com as próprias iniciativas e capacidades, para que a nossa mãe terra retorne à sua beleza original e a criação volte a brilhar novamente segundo o plano de Deus. A terra é para nós a casa onde habitamos com outras criaturas. É uma irmã e uma boa mãe, não somente um lugar onde podemos explorar seus recursos naturais como se fossem inextinguíveis. Nós somos parte da terra, e não donos nem saqueadores".

Laudato Si' distingue-se pelo seu caráter ecumênico, na medida em que o papa cita o Patriarca Bartolomeu, ao mesmo tempo que utiliza abundantemente documentos de conferências episcopais e de episcopados continentais no seu texto. É a primeira encíclica inteiramente dedicada à ecologia integral. Há a preocupação com a natureza e, também, com a justiça aplicada aos menos favorecidos. A problemática em questão é abordada a partir de uma visão holística do mundo, no entendimento de que tudo está interligado. Segundo Élio Gasda,

> o documento defende uma conversão ecológica como única forma de salvar a Mãe Terra e preservar os recursos naturais e garantir às gerações presente e futura um desenvolvimento humano sustentável com justiça social. É compromisso cristão cuidar da criação, com um olhar voltado para os mais vulneráveis, principais vítimas dos desastres sociais e crimes ambientais (2021, s/p.).

Nas primeiras linhas da encíclica, o pontífice traz a visão dos seus antecessores sobre o assunto. Citando João XXIII, Paulo VI, João Paulo II e Bento XVI, deixa também sua mensagem atual e sua preocupação com o tema da ecologia integral. A saber:

> Mais de cinquenta anos atrás, quando o mundo estava oscilando sobre o fio de uma crise nuclear, o Santo Papa João XXIII escreveu uma encíclica na qual não se limitava a rejeitar a guerra, mas quis transmitir uma proposta de paz. Dirigiu a sua mensagem *Pacem in Terris* a todo o mundo católico, mas acrescentava: e a todas as pessoas de boa vontade. […] Oito anos depois da *Pacem in Terris*, em 1971, o Beato Papa Paulo VI referiu-se à problemática ecológica, apresentando-a como uma crise que é "consequência dramática" da atividade descontrolada do ser humano […]. São João Paulo II debruçou-se, com interesse sempre maior, sobre este tema. Na sua primeira encíclica, advertiu que o ser humano parece "não dar-se conta de outros significados do seu ambiente natural, para além daqueles que servem somente para os fins de um uso ou consumo imediatos" […]. O meu predecessor, Bento XVI, renovou o convite a "eliminar as causas estruturais das disfunções da economia mundial e corrigir os modelos de crescimento que parecem incapazes de garantir o respeito do meio ambiente" […] (LS, n. 5-6).

O primeiro capítulo da encíclica, cujo título é "O que está acontecendo com a nossa casa", situa a problemática, traçando o panorama atual com todas as suas adversidades, ambientais e humanas. O segundo, "O Evangelho da criação", apresenta a contribuição que a fé cristã pode dar à reflexão e à mudança desta realidade, partindo da perspectiva das narrativas bíblicas. O terceiro, "A raiz humana da crise ecológica", explicita as raízes da crise ecológica. Parte-se da tecnociência enquanto instância que tem dominado e controlado a vida humana, instrumentalizando-a. O quarto, "Uma ecologia integral", dedica-se a olhar para a ecologia e não pensar somente o "verde", mas ampliar o conceito de ecologia integral, com suas dimensões ambiental, econômica e social. O capítulo quinto, "Algumas linhas de orientação e ação", oferece linhas de orientação e ação, e sugere o diálogo entre a política, a economia, as religiões e as ciências nos níveis locais, nacionais e internacionais; e, por fim, o último capítulo, a saber, "Educação e espiritualidade ecológicas", dedica-se à conversão ecológica.

A grande característica da encíclica papal é sua proposta de uma ecologia integral (TAVARES, 2016, 73). Na visão do papa, a ecologia integral é composta de quatro dimensões: ambiental, econômico-social, cultural e da vida cotidiana. Não se restringe a uma perspectiva ambiental, mas questiona as relações vividas no conjunto da sociedade, seus modelos de desenvolvimento e a produção, uma vez que tudo está interligado em uma enorme trama de relações (LS, n. 138). Sobre esse aspecto, afirma o Papa Francisco:

> A ecologia estuda as relações entre os organismos vivos e o meio ambiente onde se desenvolvem. E isto exige pensar e discutir acerca das condições de vida e de sobrevivência de uma sociedade, com a honestidade de pôr em questão modelos de desenvolvimento, produção e consumo. Nunca é demais insistir que tudo está interligado. [...] Quando falamos de "meio ambiente", fazemos referência também a uma particular relação: a relação entre a natureza e a sociedade que a habita (LS, n. 138-139).

Nessa perspectiva, o pontífice insiste na observação do conjunto de fatores que afetam a natureza. Não se pode procurar soluções isoladas, mas resoluções que englobem todas as interações. Vivemos uma única crise, com distintos níveis, que exigem soluções integrais que solucionem o problema da pobreza, dos excluídos e que ao mesmo tempo zele pela natureza. "Não há duas crises separadas: uma ambiental e outra social, mas uma única e complexa crise socioambiental" (LS, n. 139).

É preciso uma ecologia ambiental que perceba que a base fundamental que permite a nossa existência está em um conjunto de ecossistemas que "intervêm na retenção do anidrido carbônico, na purificação da água, na contraposição a doenças e pragas, na composição do solo, na decomposição dos resíduos, e muitíssimos outros serviços que esquecemos ou ignoramos" (LS, n. 140). Ao lado dessa ecologia ambiental está uma ecologia econômica que inclua a proteção ao meio ambiente e ao ser humano. Visão integral e integradora. Dessarte, também não se pode desconsiderar as relações entre as famílias, os espaços urbanos e os contextos familiares (LS, n. 141).

Levando em consideração o contexto pandêmico pelo qual atravessamos, Leonardo Boff apresenta-nos alguns questionamentos:

> A pandemia do coronavírus obriga todos nós a pensarmos: o que conta, verdadeiramente: a vida ou os bens materiais? O individualismo de cada um para si, de costas para os outros, ou a solidariedade de uns para com os outros? Podemos continuar explorando, sem qualquer consideração, os bens e serviços naturais para vivermos cada vez melhor ou cuidarmos da natureza, da vitalidade da Mãe Terra e do bem viver, que é a harmonia entre todos e com todos os seres da natureza? [...] Uma coisa, entretanto, é certa: "a visão de mundo que criou a crise não pode ser a mesma que nos vai tirar da crise" (BOFF, 2020, 52-53).

É nesse sentido que o papa denuncia as várias formas de exploração que não se restringem à destruição ambiental, mas, também, da vida humana e da cultura. Tanto a degradação de uma cultura por meio de imposições de estilos de vida como intervenções nos ecossistemas são nocivos à vida (LS, n. 145), pois o patrimônio histórico, artístico e cultural encontra-se, também, ameaçado. Desse modo, Francisco nos recorda a experiência dos aborígenes, para quem a terra é um dom sagrado a ser cuidado, onde repousam seus antepassados, ela não é para ser explorada. São eles aqueles que melhor cuidam da terra (LS, n. 146). Por isso, torna-se necessário uma ecologia cultural. Afirma o Pontífice:

[...] É preciso integrar a história, a cultura e a arquitetura de um lugar, salvaguardando a sua identidade original. Por isso, a ecologia envolve também o cuidado das riquezas culturais da humanidade, no seu sentido mais amplo. Mais diretamente, pede que se preste atenção às culturas locais, quando se analisam questões relacionadas com o meio ambiente, fazendo dialogar a linguagem tecnocientífica com a linguagem popular (LS, n. 143).

Em suma, o verdadeiro avanço da sociedade ocorre quando se desenvolve uma ecologia da vida cotidiana que leve em consideração: as relações humanas com sentimento de pertença experimentado em pequenas comunidades (LS, n. 148); o cuidado com a vida humana e ambiental na edificação de prédios e moradias, sobretudo, na dimensão acolhedora destes espaços (LS, n. 151-152); a qualidade dos transportes, especialmente públicos (LS, n. 153); o respeito aos direitos dos trabalhadores também das áreas rurais (LS, n. 154); o cuidado com o corpo como dom de Deus, e, consequentemente, o cuidado com toda a criação (LS, n. 155).

Seguindo essa linha de raciocínio, deparamo-nos com a crise sanitária provocada pela pandemia do novo coronavírus. Sobre esse tema, afirma Boff:

Agora, com a catástrofe sanitária, sentimos urgentemente a necessidade de um centro plural que pense os problemas globais e encontre uma solução global para eles, ultrapassando as singularidades nacionais. Estas são secundárias face a um risco primeiro e fundamental. Nesse sentido, o tempo das nações passou; agora é o tempo da terra ameaçada que quer ser salva. A salvação só ocorrerá se construirmos sobre as pilastras acima referidas. Então poderemos viver e conviver, conviver e irradiar, irradiar e desfrutar da alegre celebração da vida (BOFF, 2020, 25-26).

Desse modo, intrinsicamente ligada à ideia de ecologia humana está a noção de bem comum, que é essencial para garantir o pleno desenvolvimento de todos (LS, n. 156). Pensar o bem comum exige o respeito pela pessoa humana como ser dotado de direitos fundamentais que possibilitem seu desenvolvimento integral. A promoção e a defesa do bem comum são deveres de toda a sociedade, especialmente do Estado (LS, n. 157).

O princípio do bem comum torna-se imediatamente, como consequência lógica e inevitável, um apelo à solidariedade e uma opção preferencial pelos mais pobres. [...] Basta observar a realidade para compreender que, hoje, esta opção é uma exigência ética fundamental para a efetiva realização do bem comum (LS, n. 158).

Por último, a noção de bem comum inclui também as novas gerações. É preciso uma solidariedade intergeracional que considere a terra como dom a continuar sendo cuidado. Não podemos continuar pensando-a segundo os critérios utilitaristas e de produtividade. Ela nos foi emprestada e devemos passá-la à geração seguinte (LS, n. 159). Não podemos continuar a consumir de modo desenfreado como temos feito.

Segundo Agenor Brighenti, o conceito de ecologia integral retoma, de modo ruminado, o desenvolvimento da doutrina social da Igreja nas últimas décadas, na medida em que engloba a compreensão de ecologia humana, ambiental, econômica e política que já estava presente nos documentos sociais do magistério da Igreja (BRIGHENTI, 2016, 52-64).

Conclusão

A Igreja, desde sua origem, esteve preocupada com o ser humano e as relações comunitárias. Quando com frequência usamos a expressão "retorno às fontes do cristianismo", significa que também com urgência precisamos resgatar a importância entre nós da dimensão social, pois sem ela o Evangelho perde a credibilidade, pois, como afirma o Papa Francisco, "a harmonia entre o Criador, a humanidade e toda a criação foi destruída por termos pretendido ocupar o lugar de Deus, recusando reconhecer-nos como criaturas limitadas" (LS, n. 66).

Os princípios da Doutrina Social da Igreja desenvolvem-se ao longo do tempo a partir da herança e riqueza da vida cristã. Nesse sentido, a Encíclica *Laudato Si'*, do Papa Francisco, insere-se como continuadora e ampliadora desses princípios. O escrito dá continuidade porque absorve e leva em consideração os princípios em seu conjunto e articulação.

Contudo, ocorre um maior desenvolvimento, na medida em que a encíclica leva em consideração os desafios modernos e pensa o ser humano e as relações a partir dessas situações. Incorpora, no seu discurso, as contribuições não somente dos papas, mas de conferências episcopais, teólogos e das ciências, promovendo o diálogo e a abertura para o trabalho conjunto. Nesse viés, segundo Boff (2020, 48):

> Há uma convergência impressionante entre as várias ciências contemporâneas, como a nova biologia evolucionista, a genética,

as neurociências, a psicologia evolutiva, a cosmologia, a ecologia e certo tipo de filosofia, quando afirmam que a nossa singularidade humana é formada pela cooperação e solidariedade.

Desse modo, infere-se que o grande diferencial do Papa Francisco, seja como bispo de Roma, pastor, cristão, cidadão comprometido e amante do bem comum, é o seu comprometimento com o planeta Terra, a casa comum, que se manifesta de forma incisiva nesta encíclica, mas, também, em todos os seus outros escritos. Sempre há uma preocupação em relação aos princípios da Doutrina Social da Igreja e, como pensador moderno, há uma clara abertura para o diálogo e a ajuda mútua entre os diferentes saberes, condensada no con ceito de ecologia integral.

Referências

BOFF, Leonardo. *Covid-19, a Mãe Terra contra-ataca a humanidade. Advertências da pandemia*. Petrópolis, RJ: Vozes, 2020.

BRIGHENTI, Agenor. A evolução do conceito de ecologia no Ensino Social da Igreja. Da *Rerum Novarum* à *Laudato Si'*. In: MURAD, A.; TAVARES, S. (orgs.). *Cuidar da casa comum. Chaves de leitura teológicas e pastorais da* Laudato Si'. São Paulo: Paulinas, 2016.

FRANCISCO. *Laudato Si' [Louvado sejas]. Sobre o cuidado da casa comum*. São Paulo: Paulus/Loyola, 2015.

_____. *Mensagem para os 75 anos da Organização das Nações Unidas para a Alimentação e a Agricultura (FAO)*. 16 de outubro de 2020. Disponível em: https://www.fao.org/brasil/noticias/detail-events/pt/c/1333255/. Acesso em: 09 mar. 2023.

_____. *Primeira saudação do Papa Francisco*. Quarta-feira, 13 de março de 2013. Disponível em: https://www.vatican.va/content/francesco/pt/speeches/2013/march/documents/papa-francesco_20130313_benedizione-urbi-et-orbi.html. Acesso em: 07 mar. 2023.

GASDA, Élio. *Laudato Si'. Preparar um amanhã melhor para todos*. 24 de maio de 2021. Disponível em: https://domtotal.com/noticia/

1518204/2021/05/laudato-si-preparar-um-amanha-melhor-para-todos/. Acesso em: 08 mar. 2023.

PONTIFÍCIO CONSELHO JUSTIÇA E PAZ. *Compendio da Doutrina Social da Igreja*. São Paulo: Paulinas, 2005.

REPOLE, Roberto. *O sonho de uma Igreja evangélica. A eclesiologia do Papa Francisco*. Brasília: Edições CNBB, 2018. (Coleção A teologia do Papa Francisco).

TAVARES, Sinivaldo S. Evangelho da criação e ecologia integral. Uma primeira recepção da *Laudato Si'*. *Perspectiva Teológica*, Belo Horizonte, v. 48, n. 1 (jan./abr. 2016) 59-80.

Capítulo 10

Recuperar a historicidade da espiritualidade cristã: interfaces entre a Teologia da Libertação e o Papa Francisco

Pe. Francisco Thallys Rodrigues

Introdução

Desde os primórdios da fé cristã, a história ocupa um espaço central na vivência da espiritualidade cristã, visto que Deus se revelou na história humana por meio de fatos e acontecimentos. A passagem da experiência semita para o *logos* grego obscureceu, progressivamente, a historicidade da espiritualidade cristã. Nos últimos tempos, o Concílio Vaticano II (1962-1965) e a teologia da libertação ofereceram contribuições dentro do processo de recuperação da historicidade na vivência da espiritualidade cristã. Nessa tradição teológico-espiritual, insere-se o ministério do Papa Francisco com suas preocupações em relação aos grandes problemas enfrentados pela humanidade atualmente.

O presente texto visa apresentar as contribuições dadas pela Teologia da Libertação no processo de recuperação da historicidade da espiritualidade cristã, em interface com os apelos e intuições trazidos pelo pontificado do Papa Francisco, a partir de sua exortação para o cuidado com a criação. Para tanto, em um primeiro momento, apresentamos o desafio permanente de assumir a dimensão histórica na espiritualidade. Em seguida, mostramos a contribuição da Teologia da Libertação para a recuperação do caráter histórico da espiritualidade cristã, bem como as indicações do Papa Francisco para uma ecologia integral. Conclui-se indicando a necessidade de abertura e discernimento, a fim de perceber as interpelações de Deus à nossa espiritualidade.

1 Uma sociedade "sem memória e sem história"

Nosso tempo se caracteriza por um rápido e contínuo processo de mudanças que afetam todos os setores e dimensões da vida humana[1]. Estamos imersos em uma avalanche de informações e notícias que chegam de todos os lugares e em todos os momentos. Na mesma direção, constatamos que as relações humanas (amizade, profissionais, amorosas, religiosas) se estabelecem e se rompem com enorme facilidade. Nesse contexto, as memórias ou narrativas históricas perdem espaço de influência na medida em que pouco determinam ou se apresentam como possibilidades viáveis aos homens e às mulheres de hoje.

Os acontecimentos passados tornam-se cada vez mais distantes, as respostas dadas, há menos de vinte anos, parecem obsoletas; os espaços de memória perdem cada vez mais sua importância. Então, a fé cristã sofre os efeitos da crise de consciência histórica, na medida em que se torna mais subjetivista, assumindo contornos intimistas em suas mais variadas expressões, ao mesmo tempo que se torna mais midiática e superficial em meio ao constante uso das redes sociais.

---

1. Bauman caracterizou o nosso tempo como modernidade líquida, tendo presente que passamos de uma sociedade industrial, "rígida", pesada, para uma sociedade de mudanças constantes que afetam as instituições, as relações e o modo como nos organizamos. Tal perspectiva é útil para compreender os desafios inerentes a qualquer transmissão de uma tradição. Cf. BAUMAN, Zygmunt. *Modernidade líquida*. Rio de Janeiro, Jorge Zahar, 2001.

Constata-se, em nosso tempo, relações "problemáticas" no que se refere à relação entre fé, espiritualidade e história: percebe-se um desprezo pela história, afirmando a necessidade de acolher o novo e abrir-se à modernização trazida pela tecnologia. Investe-se em uma espiritualidade "selvagem", baseada no marketing, associada ao sentimentalismo e à afetividade desregulada, em uma sociedade "doente", que olha as experiências históricas com desdém. Outras vezes, verifica-se a busca pela "volta a determinadas estruturas" em um tradicionalismo fechado, que usa determinado momento da história como baliza, sem considerar o seu contexto. No fundo, procuram-se seguranças que se mostram anacrônicas.

Vale recordar que a fé cristã é eminentemente histórica, visto que afirma a revelação de Deus na história humana, sua Palavra performativa, a encarnação do Verbo de Deus e a presença do Espírito que atua desde baixo. Por conseguinte, a espiritualidade cristã envolve a vida como um todo, "todas as dimensões da pessoa, seu corpo, sua mente, sua alma; se expressa em tudo o que vivemos e fazemos: o trabalho, o descanso, a oração, os pensamentos. É assunto vital em nossa existência" (SANCHEZ, 2009, 265).

Para o povo da Bíblia, a história é lugar da presença de Deus; sobretudo, a partir da encarnação, "a história de Israel não somente descobriu a densidade real da história, mas fez também do histórico o lugar mais rico da presença e da doação de Deus" (ELLACURÍA, 2000, 559). Além disso, deve-se ter presente que o conceito de história na revelação bíblica é diferente daquele comumente evocado pela historiografia moderna, sobretudo, pelo positivismo[2], pois entende-se o histórico como lugar da atuação de Deus na vida humana.

---

2. A palavra "história" tanto pode ser entendida como referente ao estudo de acontecimentos do passado, interpretados a partir de uma análise crítica realizada pela historiografia moderna, quanto se referir a acontecimentos que "continua[m] interessando e influenciando o presente e abrindo perspectivas

No processo de expansão e desenvolvimento da fé cristã, o tema da história perdeu sua força e importância à medida que o tema da natureza passou a ocupar maior espaço. Em parte, isso se deve ao processo de incorporação do *logos* grego na teologia cristã (RODRIGUES, 2021, 55). Com o advento da modernidade e das novas correntes de pensamento, preocupadas com a reflexão sobre os agentes históricos, o tema da história, aos poucos, retoma sua importância dentro da teologia cristã. O Concílio Vaticano II deu um passo fundamental, sobretudo, a partir da categoria "sinais dos tempos" e da larga inserção histórica nos seus documentos e constituições (RODRIGUES, 2021, 60-63).

2 O papel da história na espiritualidade latino-americana

A Igreja latino-americana assumiu o caráter histórico da fé cristã tanto do ponto de vista da reflexão teológica quanto da vivência da espiritualidade, procurando, inclusive, insistir na unidade intrínseca entre espiritualidade e teologia. O Concílio Vaticano II representou o ponto alto de um processo de recuperação do tema da historicidade na teologia católica, mas foi a teologia latino-americana quem se debruçou com maior ênfase sobre este tema, dado o contexto de emergência e sofrimento vivido neste continente: "Que relação existe entre a salvação e o processo de libertação do ser humano ao longo da história? Ou, mais exatamente, que significa, à luz da Palavra, a

---

na direção do futuro. Trata-se da história concebida como realidade que, através da sua influência e fecundidade, estende a própria presença para além da sua originária situação circunstancial" (cf. TAVARES, Sinivaldo Silva, O mistério do Verbo encarnado funda uma peculiar relação entre história e fé. *Revista Eclesiástica Brasileira*, v. 62, n. 248 [out. 2002] 794-795). Esta segunda compreensão é a assumida pela teologia.

luta contra uma sociedade injusta, a criação de um homem e de uma mulher novos?" (GUTIÉRREZ, 2000, 199).

Os teólogos latino-americanos se debruçaram, a partir de diferentes perspectivas, sobre essa pergunta fundamental, respondendo a partir de uma profunda experiência espiritual, da renovação bíblica e do instrumental oferecido pela filosofia e pelas ciências. Na base estava uma compreensão unitária de história, que afirma a libertação/salvação como uma possibilidade a partir do seguimento a Jesus (AQUINO JÚNIOR, 2022, 179-197).

A espiritualidade latino-americana assume de modo consequente o processo de encarnação. Jesus assumiu nossa carne, nosso corpo, nossa história. Adentrou em uma família pobre e sofredora de Nazaré, fez opção pelos últimos, rompeu com o legalismo e o puritanismo que assolavam o seu povo. A espiritualidade libertadora recorda e insiste que Deus se encarna em um corpo, em uma raça, país, situação cultural, e assume nossa biologia, nosso jeito de viver. Essa encarnação tem em vista a salvação, de modo que só se salva o que se assume, pois a libertação passa pela encarnação.

> Somos pessoas de corpo e alma em indissolúvel unidade: não somos espíritos puros. A espiritualidade cristã não é uma espiritualidade desencarnada. É o seguimento do Verbo encarnado em Jesus de Nazaré; a mais histórica e material das espiritualidades, na linha bíblica da Criação, o Êxodo, a Profecia, a Encarnação, a Crucifixão e a Ressureição da carne (CASALDÁLIGA; VIGIL, 1992, 14).

Deus se faz história de modo que não se pode falar mais em "duas histórias", mas em uma única história em que Deus e o ser humano encontram-se entrelaçados. É necessário superar o dualismo grego, percebendo que a oposição existente não é entre história natural e história sobrenatural, mas entre graça e pecado, Reino de Deus e anti-Reino.

Estamos a partir da criação embarcados em uma única história, centrada em Cristo e que tem em sua ressureição o começo de sua definitividade, mas que deve realizar-se dia a dia. A divisão não se dá entre história natural e história sobrenatural, mas entre história que leva a vida e história que conduz à morte, entre história da salvação e história da perdição (CODINA, 1990, 96).

A encarnação é histórica, ocorre dentro de um processo, como já indicando que toda a vida de Jesus é um processo de encarnação. Em Jesus, Deus se faz processo, evolução, história. A espiritualidade da libertação assume a processualidade da vida com seu crescimento, altos e baixos, tentações e crises.

Diante disso, os cristãos são chamados a imitar a Deus que entra em nossa história, encarnados no dia a dia da história. Por conseguinte, o corpo místico de Cristo deve estar onde esteve o corpo histórico de Jesus. A encarnação nos pede para vivermos imersos em nosso contexto, adquirir contextualidade, ser o que somos onde estamos, em nossa terra, carne, cultura, etnia. É necessário um descentramento da Igreja, respeitando a identidade cultural e religiosa dos povos, pois o espírito de Jesus leva a assumir as causas do povo, seus processos históricos.

A Teologia da Libertação "é uma nova maneira de fazer teologia" (GUTIÉRREZ, 2000, 73) que emerge dessa profunda experiência espiritual: "É teologia cristã no sentido mais autêntico e profundo da Palavra: Teologia feita no seguimento de Jesus, na Tradição de Jesus; Teologia da Boa Notícia do Reinado de Deus; Teologia da Igreja de Jesus" (AQUINO JÚNIOR, 2016b, 251). Não é uma teologia do genitivo ou do político, mas uma teologia que repensa a tradição eclesial e a vivência da fé cristã a partir da dor e do sofrimento do povo latino-americano (SCANNONE, 1976, 18).

As categorias, tratados e problemas fundamentais da teologia são enfrentados a partir dessa profunda experiência com Jesus libertador. Ela procura assumir a encarnação do Verbo de Deus. Isso significa uma abertura constante aos apelos do Espírito na história humana, em um constante desinstalar-se, como peregrino, fazendo-se companheiro de caminhada do Mestre.

3 Abertura aos apelos do Espírito em nossa história

Passados cinquenta anos desde a publicação da obra *Teologia da Libertação* de Gustavo Gutiérrez, nota-se que muitos dos principais apelos apresentados naquele momento permanecem em nosso tempo, desdobrando-se em novos desafios e problemas, ainda hoje, unidos a tantos outros que surgiram. Nesse contexto, o Papa Francisco, com seus gestos e atitudes, tem convidado a pensar e a viver a fé cristã nessa conjuntura, a perceber os apelos de Deus em nosso tempo, sobretudo, no cuidado com a criação, a vida no planeta. Além de seus discursos, catequeses e homilias, podemos destacar dois textos que expressaram suas preocupações: a Encíclica *Laudato Si'* (LS) e a Exortação Apostólica Pós-sinodal Querida Amazônia (QA).

O Papa Francisco "operou uma grande virada no discurso ecológico ao passar da ecologia ambiental para a ecologia integral. Esta inclui a ecologia político-social, a mental, a cultural, a educacional, a ética e a espiritual" (BOFF, 2015, 19). Diante da tentação de entender a atual crise unicamente como âmbito ecológico, desvinculado da fé cristã, Aquino Júnior recorda que, "para os cristãos, a atual 'crise ecológica', mais que uma crise social e ambiental, é uma crise espiritual que diz respeito, negativamente, à nossa relação com Deus" (AQUINO JÚNIOR, 2016a, 33).

Por sua vez, a Exortação Apostólica Pós-sinodal Querida Amazônia é fruto de um longo processo de escuta que envolve diferentes interlocutores (indígenas, missionários, cientistas e ribeirinhos). Ela continua as preocupações esboçadas na encíclica *Laudato Si'*, mas dá um passo adiante na medida em que olha, a partir da fé, para uma situação bem concreta, a dos povos amazônicos.

Todos os saberes, seja científicos, religiosos ou da sabedoria popular, devem estar interligados a fim de garantir a vida no planeta. A ecologia integral se coloca como uma postura de colaboração mútua que compreende que todos estão interligados nesta trama da vida, devendo contribuir para o cuidado com o planeta (LS, n. 138). Estamos imersos em uma grande crise em todos os níveis da sociedade. Essa situação pesa, sobretudo, sobre os mais pobres e excluídos (LS, n. 139), privados do acesso aos bens da criação. Em nosso tempo, multiplicam-se as formas de exploração (LS, n. 145).

O papa recorda que, unidos aos gritos das terras amazônicas, estão os gritos dos mais pobres (QA, n. 8), sobretudo dos povos indígenas, ribeirinhos e afrodescendentes (QA, n. 9). A destruição da Amazônia tem obrigado os povos originários a migrarem para as periferias das cidades (QA, n. 10), onde se sentem ameaçados e abandonados pelo progresso, e, em relação a isso, os governos locais estabelecem alianças espúrias: "Os próprios poderes locais, com a desculpa do progresso, fizeram parte de alianças com o objetivo de devastar, de maneira impune e indiscriminada, a floresta com as formas de vida que abriga" (QA, n. 13). Os indígenas que se opõem a esses projetos são pressionados a desistir, até serem retiradas suas vidas: "É usual lançar mão de recursos desprovidos de qualquer ética, como penalizar os protestos e até tirar a vida dos indígenas que se opunham aos projetos, provocar intencionalmente incêndios florestais, ou subornar políticos e os próprios nativos" (QA, n. 14). Nesse sentido, a sabedoria ancestral dos aborígines, no cuidado com a vida, apresenta-se como possível aprendizado (LS, n. 146).

O verdadeiro desenvolvimento exige que se leve em consideração a vida das famílias em suas comunidades (LS, n. 148), o cuidado com a vida no planeta, quando se constroem prédios e moradias (LS, n. 151-152), bem como o investimento no desenvolvimento de transportes adequados (LS, n. 153). É preciso uma solidariedade intergeracional que considere a terra como dom a continuar sendo cuidado.

Não podemos ficar em um critério utilitarista e de produtividade. A terra nos é emprestada e, por isso, devemos passá-la à geração seguinte (LS, n. 159). Não podemos continuar a consumir de modo desenfreado como temos feito. O papa alerta para os riscos de julgarmos a cultura e a identidade indígena a partir de nossas experiências. "Além disso, na Amazônia, encontram-se milhares de comunidades de indígenas, afrodescendentes, ribeirinhos e habitantes das cidades que, por sua vez, são muito diferentes entre si e abrigam uma grande diversidade humana" (QA, n. 32). Impõe-se a necessidade de um engajamento sério em favor dos indígenas e da Amazônia. "Por isso, cuidar dos valores culturais dos grupos indígenas deveria ser interesse de todos, porque a sua riqueza é também a nossa. Se não progredirmos nessa direção de corresponsabilidade pela diversidade que embeleza a nossa humanidade, não se pode pretender que os grupos do interior da floresta se abram ingenuamente à civilização" (QA, n. 37).

Necessitamos de uma economia que esteja a serviço da vida, pois "a economia globalizada danifica despudoradamente a riqueza humana, social e cultural" (QA, n. 39). Esse processo somente será possível à medida que nos tornarmos menos consumistas e mais conscientes da influência que exerce sobre nós a tecnologia: "Esses poetas, contemplativos e proféticos, ajudam a libertar-nos do paradigma tecnocrático e consumista que sufoca a natureza e nos deixa sem uma existência verdadeiramente digna" (QA, n. 46). Por conseguinte, o papa pede que haja uma cooperação entre os saberes ancestrais e a técnica: "Para cuidar da Amazônia, é bom conjugar a sabedoria ancestral com os conhecimentos técnicos contemporâneos, mas procurando sempre intervir no território de forma sustentável, preservando ao mesmo tempo o estilo de vida e os sistemas de valores dos habitantes" (QA, n. 51).

Tendo presente essas duas reflexões, percebe-se como nos textos estão presentes uma concepção unitária de história, na qual se consegue distinguir entre a experiência da graça e a presença atuante de Deus (vidas doadas, sabedoria indígena) e os sinais do pecado/anti-Reino (exploração, poluição, avanço do capitalismo selvagem). Francisco mantém-se em plena fidelidade ao Evangelho e às reflexões gestadas no Concílio Vaticano II. Mais do que isso, ele assume a encarnação na medida em que é capaz de perceber as exigências e situações de nosso tempo: diálogo inter-religioso, periferias existenciais e sociais, crise das famílias, de fé, necessidade de moradia, trabalho, educação global, problemas econômicos e ambientais.

Conclusão

No coração da fé cristã está a experiência espiritual com o Deus revelado em Jesus Cristo Libertador, nos seus gestos, palavras e atitudes. Ele assumiu nossa humanidade, revelou-nos o seu amor desde o reverso da história, no cuidado com os pobres, pequenos, sofredores, excluídos e pecadores. O seguimento a Jesus é manifestação dessa adesão ao projeto do reinado de Deus, experimentado na oração e efetivado no compromisso com o anúncio da Boa-Nova.

A espiritualidade libertadora latino-americana contribuiu para recuperar a densidade da história na vivência da fé cristã; iniciou-se e abriu espaços para processos de libertação que extrapolam o ambiente eclesial; e insistiu na unidade da história reafirmando a necessidade de imitar a Deus em sua encarnação desde nossa terra, nossa cultura, nossa experiência eclesial. O Papa Francisco, como herdeiro do Concílio Vaticano II e da Igreja latino-americana, traz para o seu magistério a experiência de Igreja marcada por uma espiritualidade da encarnação que experimenta um Deus presente nas realidades mais sofredoras e ameaçadoras da vida humana e do planeta.

Recuperar a historicidade da espiritualidade cristã não significa viver em meio à nostalgia, entendendo história como algo do passado a ser recordado. Pelo contrário, trata-se de compreender a realidade histórica como espaço da presença de Deus, que continua a nos oferecer possibilidades de atuação na vivência do seu Reino. O desafio que se impõe é assumir a transitoriedade da vida, discernindo os apelos que o Espírito suscita em cada tempo e lugar. Nesse cenário, torna-se necessário agir com discernimento para distinguir, nesta grande história, quais sinais de pecado e de graça continuam em nosso tempo, para assumirmos com sabedoria os mesmos gestos de Jesus.

Referências

AQUINO JÚNIOR, Francisco. Fé cristã e superação da crise ecológica. Abordagem teológica. In: MURAD, A.; TAVARES, S. (orgs.). *Cuidar da casa comum. Chaves de leitura teológicas e pastorais da* Laudato Si'. São Paulo: Paulinas, 2016a.

_____. Questões fundamentais de Teologia da Libertação. *Perspectiva Teológica*, Belo Horizonte, v. 48, n. 2 (maio/ago. 2016b) 245-268.

_____. Libertação e salvação. Revisitando "Teologia da Libertação" de Gustavo Gutiérrez 50 anos depois. *Perspectiva Teológica*, Belo Horizonte, v. 54, n. 1 (jan./abr. 2022) 179-197.

BAUMAN, Zygmunt. *Modernidade líquida.* Rio de Janeiro: Jorge Zahar, 2001.

BRIGHENTI, Agenor. A evolução do conceito de ecologia no Ensino Social da Igreja. Da *Rerum Novarum* à *Laudato Si'*. In: MURAD, A.; TAVARES, S. (orgs.). *Cuidar da casa comum. Chaves de leitura teológicas e pastorais da* Laudato Si'. São Paulo: Paulinas, 2016.

BOFF, Leonardo. *Grito da terra, grito dos pobres. Dignidade e direitos da Mãe Terra.* Petrópolis: Vozes, 2015.

CASALDÁLIGA, Pedro; VIGIL, José María. *Espiritualidad de la Liberación.* Santander: Sal Tarrae, 1992.

CODINA, Vítor. Teología de la liberación y espiritualidad ignaciana. *Boletín del centro de espiritualidad ignaciana*, Bolivia, n. 50, abr. 1990.

ELLACURÍA, Ignacio. *Escritos teológicos I.* San Salvador: UCA, 2000.

FRANCISCO. Encíclica Laudato Si' *[Louvado sejas]. Sobre o cuidado da casa comum.* São Paulo: Paulus/Loyola, 2015.

_____. *Exortação Apostólica Pós-sinodal Querida Amazônia*. São Paulo: Paulinas, 2020.

GUTIÉRREZ, Gustavo. *Teologia da Libertação. Perspectivas*. São Paulo: Loyola, 2000.

RODRIGUES, Francisco Thallys. A recuperação da historicidade da fé cristã no século XX. *Annales FAJE*, Belo Horizonte, v. 6, n. 2 (out. 2021) 54-64.

SANCHEZ, Rosana E. N. Espiritualidad en América Latina. Rasgos de ayer, desafíos teológicos hoy. *Franciscanum*, v. LI, n. 151, jan./jun. 2009.

SCANNONE, Juan Carlos. *Teología de la liberación y praxis popular*. Salamanca: Sígueme, 1976.

TAVARES, Sinivaldo Silva. O mistério do Verbo encarnado funda uma peculiar relação entre história e fé. *Revista Eclesiástica Brasileira*, v. 62, n. 248 (out. 2002) 793-822.

Os dez anos do pontificado de Francisco

Era a noite do dia 13 de março de 2013. O mundo inteiro estava esperando para saber o nome do novo papa após a fumaça branca. Ali estava ele: Jorge Mario Bergoglio, arcebispo de Buenos Aires. Passaram-se dez anos desde a eleição do Papa Francisco, "vindo do fim do mundo", e ainda há muitas questões a abordar, que continuam em aberto no caminho da Igreja e no testemunho cristão, em um mundo em grande transformação, que vive uma "mudança de época". Nesta conclusão, queremos apenas salientar alguns traços e contextos dos dez anos desse pontificado.

Imediatamente a novidade

Já daquele inicial e coloquial "boa noite" se sentia o significado de uma grande novidade no estilo do seu pontificado. Uma década muito rica de ideias, solicitações, invocações para viver a fé cristã com autenticidade, essencialidade, com abertura ao diálogo com todos, porque somos "irmãos e irmãs", independentemente da fé ou pertença étnica ou cultural. Um diálogo intenso com as outras confissões cristãs, com um grande impulso para o ecumenismo, com os "irmãos mais velhos" judeus, mas também com o mundo do Islã em várias ocasiões, que agora se tornaram encontros históricos e de maior conhecimento mútuo, a fim de tentar superar progressivamente todas as pedras que a história, especialmente a história recente, colocou entre cristãos e muçulmanos.

Análise e perspectivas

Um magistério riquíssimo que o Papa Francisco deu e continua a dar à Igreja e ao mundo, ajudando a fornecer chaves para a compreensão de uma realidade cada vez mais complexa, por meio do seu magistério social a partir da encíclica *Laudato Si'*, tão cheia de implicações históricas e políticas, para uma ecologia integral que combine a proteção da criação com a justiça social, e também para uma transformação do sistema econômico, hoje sob a hegemonia neoliberal, em uma lógica mais solidária.

Não faltaram lágrimas e alertas, especialmente diante do absurdo das guerras ao redor do mundo, com especial atenção neste último ano ao massacre fratricida diário na Ucrânia, bem como das muitas, demasiadas, mortes no Mediterrâneo, definido como um cemitério no mar: de Lampedusa, a sua primeira viagem fora do Vaticano, às trágicas notícias destes dias na Palestina e em Israel.

E, mais uma vez, a atenção ao papel das mulheres, em particular na Igreja (com nomeações inéditas para líderes eclesiais), aos jovens (a quem dedicou um Sínodo dos Bispos), às famílias, pivô da vida de todos.

Os nossos agradecimentos

Sobre estas questões, o grupo de pesquisa pretende aprofundar o testemunho e o magistério do Papa Francisco, todos os dias, para os leitores.

É a nossa forma de agradecer ao papa o dom do seu serviço petrino, atento a cada um e, em particular, aos mais vulneráveis. Um pontificado que realiza plenamente a grande riqueza do Concílio Vaticano II e que retoma e atualiza o magistério de um grande predecessor, São Paulo VI.

Votos de felicidades ao Papa Francisco, guia espiritual e farol não só para os católicos, mas também para todos os homens e mulheres de boa vontade! Celebramos o décimo aniversário do pontificado de Francisco, o primeiro papa jesuíta, uma vez que Jorge Mario Bergoglio foi eleito em 13 de março de 2013. Uma década de reformas, escolhas de governo, viagens, reuniões. Amado e combatido, sempre atuou com seu estilo "latino" sob a bandeira de grandes temas: cuidado com a criação, misericórdia, fraternidade.

Nunca tão amado, nunca tão mal tolerado

Uma saudação que, mais que simples saudação, é uma declaração explícita de intenções de como o papa recém-eleito imaginaria e comporia sua Igreja. Hoje, dez anos depois, pode-se dizer com certeza que, nunca desde o Cisma do Ocidente, um papa foi tão amado e, ao mesmo tempo, tão mal tolerado. Das multidões delirantes em todo o mundo, especialmente na África e na América Latina, aos círculos conservadores nos Estados Unidos e na Alemanha, que não se contiveram em chamá-lo até mesmo de "antipapa". Apesar da vulgata – que por simplificação ou para explorá-lo o retratou de tempos em tempos como marxista, revolucionário, próximo dos teólogos da libertação –, sua doutrina nunca combateu ou se distanciou do ensinamento de seus antecessores[1]. Embora sempre tenha pregado

---

1. Sobre este aspecto, mais que combater a TdL, os argentinos criaram a "Teologia del Pueblo", como uma espécie de alternativa. E as motivações parecem várias: a tradição do peronismo argentino; suspeitas a todo tipo de análise social que pudesse beirar ao marxismo etc.

uma "Teologia dos três T's" (*tierra, techo, trabajo*), Bergoglio nunca foi marxista, nunca foi revolucionário, e combateu a Teologia da Libertação em sua América do Sul natal.

No nome, a homenagem ao Santo dos Pobres

Já na escolha do nome, Francisco, deu uma indicação extra: uma decisão inédita, histórica, uma homenagem ao frade de Assis, ao pobre homem que falava com animais e se despojava de tudo para se entregar aos pobres. Tanto que, como ele mesmo teve a oportunidade de explicar na Sala Paulo VI, já três dias depois da fumaça branca, quando o nome de Bergoglio havia atingido dois terços dos votos e a Igreja acabara de escolher o sucessor de Pedro, esse nome, Francisco, florescera em seu coração a partir de uma sugestão indireta: o cardeal e arcebispo emérito de São Paulo, Claudio Hummes, exortara-o: "Não se esqueça dos pobres!". E assim, com esse pensamento fixo em sua cabeça, à medida que o escrutínio ia sendo gradualmente concluído, o cardeal argentino de origem piemontesa sentiu crescer dentro de si a certeza de que aquele era o nome certo. Porque, como ele mesmo disse, São Francisco de Assis "é para mim o homem da pobreza, o homem da paz, o homem que ama e cuida da criação". Daí o seu profundo desejo de "uma Igreja pobre e para os pobres".

No seu primeiro discurso aos fiéis – a quem pedira uma bênção antes de transmiti-la –, definiu-se como o "novo bispo de Roma": esse era o dever dos cardeais no Conclave, dar um novo bispo a Roma, aquela "cidade tão bela" da qual se tornara guia e pastor. E os cardeais mais eminentes tinham ido buscá-lo "quase no fim do mundo", de uma Buenos Aires para a qual estava convencido de que voltaria (já tinha reservado a passagem de volta).

Para as periferias do mundo

Afinal, um dos focos da ação pastoral do Papa Francisco tem sido ir às periferias do mundo, aos lugares mais remotos da Terra, onde católicos ou mesmo outras minorias religiosas não têm voz, são perseguidos e privados dos mais elementares direitos. Como no caso dos Rohingya, um povo muito querido por Bergoglio, que conheceu durante sua viagem apostólica à Birmânia e a Bangladesh (2017), e a quem sempre dirigiu um pensamento e uma oração. Como também de fato aconteceu em 2022, por ocasião de sua viagem ao Canadá, encontrando as populações nativas americanas, perseguidas e vítimas de violência atroz: o papa foi rezar em seus lugares sagrados para "curar as feridas do coração, o terrível efeito da colonização". Ou quando, durante a sua viagem ao Congo, em janeiro de 2023, expressou a sua proximidade e compaixão pelo povo do leste do país, mutilado, ofendido, violado e explorado.

As viagens

Nestes dez anos, as viagens foram escolhas prudentes de Francisco, destinos identificados de propósito, sempre refletindo aquele plano ecumênico preciso que o levou a acender uma luz nos lugares mais escuros e esquecidos, a destacar culturas e aspectos sociais que são muito pouco falados, mas que estão lá, vivos e presentes. Da Albânia (2014) a Madagáscar (2019), de Uganda (2015) ao Iraque (a primeira vez para um papa, em 2021; uma etapa sonhada desde João Paulo II), as viagens apostólicas de Francisco traçaram um "mapa ecumênico" muito pessoal, que – sem esquecer as tradicionais Jornadas Mundiais da Juventude (no Brasil em 2013, em Cracóvia em 2016, no Panamá em 2019 e em Portugal 2023) – permanece coerente ainda hoje com a sua forma de entender o papado como líder católico de todo o mundo. Isso foi visto por ocasião da viagem ao Sudão do

Sul, organizada "por três", com o arcebispo de Cantuária, Justin Welby, e o moderador da Igreja da Escócia, Iain Greenshields.

Seguindo a mesma abordagem paralela, o Papa Francisco sempre denunciou a tão invocada "cultura do descarte", a consideração de comunidades, pessoas, povos inteiros como indivíduos a serem excluídos, a serem rejeitados, a serem esquecidos. Daí a especial atenção ao tema das migrações, com ênfase no acolhimento de refugiados econômicos e políticos (a sua primeira viagem simbólica foi feita a Lampedusa, terra de desembarque e naufrágio). Uma questão a ser abordada em todos os continentes, e da qual Bergoglio sempre se lembrou. Isso também foi visto no caso da tragédia em Cutro: o papa chamou a atenção para a urgência de se deterem os traficantes de pessoas, os contrabandistas que colocam em risco a vida de milhares de pessoas desesperadas.

O seu diálogo com o Islã, um dos êxitos desse papado, é enxertado neste tema: não se trata apenas de acolher os migrantes, que transformam o Mediterrâneo no "maior cemitério do planeta"; não se trata nem de lembrar que somos todos irmãos e irmãs. É, quando muito, a necessidade de amadurecer essa relação com outros credos, que começou com o Concílio Vaticano II. Nesse sentido, explica-se: a visita à Universidade al-Azhar, no Cairo, força motriz do Islã moderado; a assinatura da Declaração de Dubai sobre a Irmandade; o encontro no Iraque com o imã Ali al-Sistani.

Covid e a oração histórica na Praça de São Pedro

Entre os momentos-chave dos últimos dez anos, uma das imagens que jamais esqueceremos é a do pontífice caminhando sozinho em uma escura Praça de São Pedro, molhada pela chuva e pelo medo, por ocasião da súplica a Nossa Senhora *Salus Populi Romani* para pedir o fim da pandemia de Covid-19, que acabara de eclodir. Era 27 de março de 2020, em *lockdown* total, com a Itália e o mundo trancados em casa para conter o contágio.

A cerimônia religiosa, marcada primeiro pela Liturgia da Palavra, foi seguida pela intensa meditação do papa: "Densas trevas cobriram as nossas praças, ruas e cidades; apoderaram-se das nossas vidas, enchendo tudo de um silêncio ensurdecedor e um vazio desolador, que paralisa tudo à sua passagem: pressente-se no ar, nota-se nos gestos, dizem-no os olhares. Revemo-nos temerosos e perdidos". Seguiu-se a oração diante do Crucifixo de San Marcello al Corso, que em 1522 salvou Roma da peste. Três anos depois, com o justo desapego daqueles tempos de sofrimento e incerteza, não há dúvida de que Bergoglio nos deu um dos mais fortes instantâneos históricos de seu pontificado.

Apelos à Ucrânia e à cessação da "Terceira Guerra Mundial em pedaços"

Nestes dez anos, a atenção do papa à busca da paz entre os povos e à cessação dos conflitos e da violência esteve sempre no centro do seu magistério. E desde que o conflito entre Moscou e Kiev eclodiu na Ucrânia, não há uma ocasião em que o pontífice não tenha empregado palavras pelo "povo ucraniano martirizado", pelo sofrimento imposto a civis refugiados, especialmente os mais fracos, como mulheres e crianças. Tanto que, quando a diplomacia pensa em personalidades que poderiam desempenhar um papel mediador entre as partes envolvidas, no intuito de facilitar o fim das hostilidades, o Papa Francisco é uma das principais referências (um dos líderes mundiais mais citados para exercer uma ação concreta, uma frutífera convicção moral).

Mesmo ao custo de ir pessoalmente à Ucrânia e à Rússia para se encontrar com seus respectivos presidentes e pedir a uma só voz, a ambos, que parem as armas e soem as sirenes da paz, o seu desejo de viajar para Kiev (e também para Moscou), porém, chocou-se até agora com a difícil situação local e a ausência de condições propícias para se levar a cabo as duas "missões". Mas a tenacidade e a determinação de Bergoglio são dois de seus traços mais característicos, e pode-se ter certeza de que ele continuará insistindo nesse ponto. E, como prova do quanto o tema está no centro de sua ação, por ocasião da última festa da Imaculada Conceição, o vimos chorando aos pés da Coluna Mariana, na Piazza di Spagna, rezando pelo fim da guerra. Uma guerra, porém, que o papa nunca circunscreve apenas ao Donbass, ao Leste Europeu, mas a estende a todo o mundo, a dezenas de regiões e povos. A expressão, citada várias vezes, de uma "Terceira Guerra Mundial em pedaços" é para se referir a um conflito generalizado, que, embora careça do caráter oficial de uma atribuição historiográfica, é para grande número de nações e povos envolvidos, na verdade, uma guerra mundial.

Reuniões

Como um incansável líder mundial, extrovertido incurável e eclético (sua alma latina), nestes dez anos o Papa Francisco conheceu as maiores personalidades do mundo da política, da ciência, da cultura, do esporte e da arte. Em reuniões oficiais ou visitas privadas, o pontífice argentino tem sido imortalizado de tempos em tempos com chefes de Estado e presidentes (de Obama a Putin, de Trump a Angela Merkel), com presidentes e primeiros-ministros italianos (Renzi, Gentiloni, Conte, Draghi, Meloni, além de Sergio Mattarella), com autoridades religiosas de outras religiões e confissões (do rabino-chefe da comunidade romana, Riccardo Di Segni, ao aiatolá Al-Sistani, no Iraque). Em contextos institucionais e em momentos privados, tem recebido atores, ativistas, músicos, homens de cultura: de Greta Thunberg a Bono Vox, de Roberto Benigni a Diego Armando Maradona.

A saúde: dor no joelho e a questão da "renúncia"

Nos últimos tempos, foi obrigado a desacelerar sua atividade frenética e incansável. A principal causa é a dor no joelho causada por inchaço prévio que, com o avançar da idade, tornou-se mais pronunciado. No último ano e meio, ele foi visto frequentemente se movendo em uma cadeira de rodas ou andando com a ajuda de uma bengala.

Afinal, Bergoglio é um homem de 86 anos, que sofreu de muitos problemas de saúde: quando era jovem, por volta dos 20 anos, sofreu de uma forma grave de pneumonia, que fez com que fosse necessário remover-lhe a parte superior do pulmão direito. Então, com o tempo, uma forma de osteoartrite do quadril diminuiu seu ritmo: em 1994 ele foi submetido a uma operação para a aplicação de uma prótese, que, segundo a opinião de alguns ortopedistas, estaria na origem dos problemas atuais do joelho. Por fim, a operação realizada há dois anos, em julho, na Policlínica Gemelli, de uma estenose diverticular do sigmoide (intestino), que envolveu a retirada de parte do seu cólon.

Um estado de saúde compatível, em essência, com uma pessoa de sua idade. Tanto que até agora não há entrevista ou conversa que ele não tenha que tratar o tema da renúncia ao cargo, na esteira de seu antecessor, Joseph Ratzinger, que com um gesto marcante abriu caminho para sua ascensão ao Trono de Pedro. "Você governa com a cabeça, não com o joelho", retrucou Francisco, deixando claro que, enquanto sua força permitir, ele continuará, sem excessos e sem lágrimas, proporcional à sua força. Uma coisa é certa, porém: "Já assinei a minha renúncia, em caso de impedimento médico", reiterou em uma entrevista recente.

A relação com Ratzinger

Concluída em 31 de dezembro de 2022, a inusitada coabitação entre os dois papas foi caracterizada pela estima mútua e grande consideração de Bergoglio em relação a Ratzinger, sempre indicado como um mestre de fé e um exemplo de santidade a seguir. Tudo isso apesar dos rumores maliciosos, das sementes de ervas daninhas espalhadas dentro e fora do Vaticano, sobre uma suposta facção "ratzingeriana" (reacionária) contra uma facção igualmente fantasma "bergogliana" (progressista).

Nada poderia estar mais longe da verdade: "A morte de Bento XVI foi explorada", disse claramente o Papa Francisco, reiterando o seu sincero pesar pelos rumores que circularam nas horas imediatamente após a morte do "Papa Emérito". Durante anos, Ratzinger foi transformado por uma parte da Igreja como um contrapeso a Bergoglio, que, por sua vez, soube administrar a transição, evitando torná-lo santo imediatamente ou passar por seu "síndico".

De resto, Bergoglio sempre demonstrou respeito filial por seu antecessor, bem como proximidade, com telefonemas ou visitas frequentes. "É como ter um avô sábio em casa", disse várias vezes, para reconhecer a coragem e o apoio de poder ter a sabedoria, a experiência, a humildade e a cultura teológica ilimitada do Papa Bento perto de si. "Ouvi", disse Francesco de Bento, "que algumas pessoas foram lá reclamar com ele porque 'este novo papa…'" E ele os afugentou. Com o melhor estilo bávaro, educado, mas ele os afugentou. "Só há um papa", respondeu.

As reformas

A proximidade de Ratzinger, desde 2013, permitiu a Bergoglio continuar o caminho que já havia sido traçado por Bento XVI para uma reforma completa da Cúria e da estrutura de governança da Igreja Católica; reformas em parte sugeridas, inspiradas e iniciadas por seu antecessor, após o escândalo Vatileaks, o vazamento de informações e o roubo de documentos da mesa do papa. E, assim, o Papa Francisco avançou para uma reorganização completa da Congregação para a Doutrina da Fé, também com o objetivo de combater os casos de pedofilia dentro do clero, a fim de tornar essa batalha mais incisiva. Aqui toda a sua modernidade foi sentida: várias Igrejas nacionais – a polonesa, a chilena, a francesa e a italiana, e até a americana – foram forçadas ao mea-culpa e, em alguns casos, viradas do avesso. Bispos, culpados de acobertamento, foram expulsos e cardeais culpados de abuso sexual, reduzidos ao Estado laico. Jesuítas eficientes – assim como ele – foram colocados à frente de algumas comissões para combater o fenômeno. O Código foi alterado: a pedofilia não é mais vista como uma culpa da Igreja, mas como um crime contra a pessoa. Entre os freios, o cardeal Marx, que pediu que nada fosse feito. Francisco lembrou-lhe que é próprio de Pilatos a atitude de lavar as mãos.

Mas Bergoglio, ainda que em segunda reflexão e discussões, também aprovou e lançou a reforma da Cúria, abrindo aos leigos algumas posições que antes eram prerrogativas exclusivas dos religiosos e clérigos. Essa reforma entrou em vigor e é atualmente um livro aberto; resta saber se estará plenamente operacional e com que resultados.

A reforma do IOR (Instituto para as Obras de Religião), a unificação de alguns dicastérios, o reconhecimento progressivo do papel das mulheres em posições-chave na estrutura eclesiástica: em suma, Francisco imagina, deseja e procura implementar cada vez mais uma Igreja que tenha Cristo no seu centro, e não a lógica do poder humano. Uma Igreja, portanto, marcada pela verdadeira sinodalidade. Um caminho mais do que nunca repleto de obstáculos e areia movediça insidiosa. O papa teve de alongar o prazo de tal reforma, em face de uma resistência enfadonha, mas também houve avanços, como a da Igreja alemã, sobre a grande questão do celibato para os padres, sobre a qual ele tem proferido palavras explosivas, mas que continua em aberto.

As Encíclicas, os documentos, os consistórios

Se olharmos, então, para os documentos que promulgou, encontramos uma representação fiel e correspondente daquilo que é a "assinatura" do seu pontificado, caracterizada por uma atenção marcante às questões recorrentes da ecologia, do cuidado com a criação, da misericórdia, da fraternidade: da *Lumen Fidei* (2013) à *Laudato Si'* (2015), até a *Fratelli Tutti* (2020), as Encíclicas de Francisco assinalam os seus dez anos como pontífice sob a bandeira de "fios comuns" precisos. Uma das ideias mais ousadas e originais é ligar o ecumenismo ao ambientalismo, projetando a Igreja em uma nova dimensão, uma nova missão, um novo protagonismo no mundo contemporâneo. Isso também foi visto nos outros documentos publicados, além das Encíclicas: das Exortações Apostólicas ao *motu proprio* e, sobretudo, a *Evangelii Gaudium*, sobre a alegria de anunciar o Evangelho. E não o faz como uma realidade desprendida e doutrinária, como se transmitisse lições do alto de sua autoridade, mas como um fato muito humano, como uma comunidade que permanece envolvida, mistura-se entre as pessoas, fica suja: a Igreja é um "hospital de campanha depois de uma batalha", imagem evocada várias vezes por Francisco.

Desses pontos em comum, o mais importante é certamente a misericórdia, desde a escolha do seu lema (*"Miserando atque eligendo"*, "[viu-o] com sentimento de amor e escolheu-o"), passando pela proposta de um medicamento especial, o "Misericordina", sugerido durante o *Angelus* de 17 de novembro de 2013, até culminar no Jubileu Extraordinário da Misericórdia, proclamado há sete anos. Nome e rosto de Deus, a misericórdia é para Francisco o traço mais forte da sua Igreja, o sentimento com que o papa convida cada cristão a agir e a trabalhar no mundo.

As escolhas do papa traduziram-se também nos (até agora) oito Consistórios para a nomeação de novos cardeais, com os quais redesenhou o Colégio Cardinalício sob a bandeira de uma "Igreja franciscana", à imagem e semelhança do seu Pastor, com muitas "primeira vez" e escolhas disruptivas: primeiros púrpuros do Haiti, Birmânia, Panamá, Cabo Verde, Tonga, República Centro-Africana, Bangladesh, Papua Nova Guiné, Mali, Suécia, Laos, El Salvador, Luxemburgo, Brunei. E depois, de novo: o primeiro púrpuro afro-americano, assim como um cardeal de apenas 48 anos (Giorgio Marengo), criado no ano passado. Em 2018, 88 países – um recorde – estavam representados no Sacro Colégio, que, até a presente data, é composto de 123 cardeais eleitores e 100 não eleitores (por terem mais de oitenta anos).

Por meio dos diversos artigos que compõem este livro, fomos ressaltando a relevância e a pertinência do pensamento do Papa Francisco para a Igreja e para o mundo, nestes dez anos de pontificado. Mas não sejamos ingênuos: há muitas pessoas indispostas a acolher o novo que ele propõe, inclusive dentro da própria instância eclesial.

Vida longa ao Papa Francisco!

Os organizadores

Apresentação dos autores

Calmon Rodovalho Malta, CMF é presbítero Claretiano. Licenciado em Filosofia e bacharel em Teologia pelas Faculdades Claretianas. Pós-graduado em Gestão Empresarial pela PUC-MG. Mestre em Teologia Sistemática pela Faculdade Jesuíta de Filosofia e Teologia – FAJE, de Belo Horizonte, MG. Atualmente exerce a função de vigário paroquial na Arquidiocese do Rio de Janeiro.

Ediana de Souza Soares é religiosa do Instituto Nossa Senhora das Graças, pedagoga e mestra em Teologia pela FAJE. Dedica-se à educação na fé de jovens e adultos e à formação de catequistas.

Eduardo Batista da Silva é presbítero da Arquidiocese de Maringá, PR. Doutorando em Teologia Pastoral pela Pontifícia Universidade Católica do Rio de Janeiro (PUC-RJ). Mestre em Planejamento Estratégico-pastoral pela Pontifícia Universidade Católica do Paraná (PUC-PR). Graduado em Teologia e Filosofia pela PUC-PR.

Francisco Thallys Rodrigues é presbítero da Diocese de Crateús, CE. Doutorando em Teologia pela Pontifícia Universidade Católica do Rio Grande do Sul (PUC-RS). Mestre em Teologia Sistemática pela FAJE. Bacharel em Teologia pela PUC-RS e em Filosofia pela Faculdade Católica de Fortaleza, CE.

Irineu Claudino Sales é presbítero da Diocese de Colatina, ES. Mestrando em Teologia Sistemática e em Teologia pela FAJE/CAPES. Membro do grupo de pesquisa Teologia e Pastoral. Licenciado em Filosofia pela Faculdade Salesiana de Vitória, ES.

Leila Maria Orlandi Ribeiro é doutoranda em Teologia na FAJE. Mestra em Teologia pela FAJE e em Educação pela UnB. Membro do Grupo de Pesquisa da FAJE "Fé cristã e Contemporaneidade". Subgrupo: "Ecoteologia: singularidade, temas relevantes, perspectivas". Bolsista da CAPES. Graduada em Teologia e Pedagogia.

Marlone Pedrosa é presbítero da Diocese de Caratinga e mestre em Teologia pela FAJE.

Renato Quezini é presbítero da Arquidiocese de Maringá, PR. Doutorando em Teologia pela FAJE, bolsista CAPES. Especialista em Liturgia pela UNISAL, em Espiritualidade cristã e orientação espiritual pela FAJE, e em *Counseling* pela FAV. Bacharel em Filosofia pela IFAMA e em Teologia pela PUC-PR.

Sinivaldo S. Tavares, OFM é doutor em Teologia Sistemática pela Pontificia Università Antonianum (1998) e pós-doutorado em Teologia Sistemática pela Pontifícia Universidade Católica do Rio Grande do Sul (PUC-RS, 2018). Atualmente é pesquisador e professor de Teologia Sistemática no Programa de Pós-graduação em Teologia da FAJE, Belo Horizonte, MG. Membro do Conselho Editorial da revista *Perspectiva Teológica*, Belo Horizonte, MG.

Washington da Silva Paranhos, SJ é presbítero jesuíta, doutor em Teologia pela Universidade Pontifícia Salesiana de Roma, na área da Teologia Litúrgica e Sacramental; é professor e pesquisador de Teologia na FAJE, atuando na Graduação, na Pós-Graduação e na Extensão; é líder do Grupo de Pesquisa "A recepção da Reforma litúrgica e o debate litúrgico-sacramental contemporâneo", e editor da Revista eletrônica da FAJE – *Pensar*, além de atuar como editor do eixo "Liturgia e Sacramentos", de *Theologica Latinoamericana*: Enciclopédia Digital. É membro da ASLI – Associação de Liturgistas do Brasil e da Jungmann Society – Associação Internacional de Jesuítas Liturgistas.

Índice remissivo

A

Amoris Lætitia, 48-50, 62
Arquidiocese de Buenos Aires, 14
Assembleia litúrgica, 29

B

Bento XVI, 11, 14, 20, 36, 43, 56, 58, 97, 157, 186
Bergoglio, J. M., 9, 10, 12, 15, 16, 20, 22, 25, 32, 34, 35, 139, 143, 177, 179-187
Bispos, 16, 22, 23, 26, 34, 35, 48, 57, 99, 107-109, 111-115, 145, 178, 187

C

Catecismo da Igreja Católica, 21, 37
Catequese mistagógica, 37, 93, 98-100, 105
Celebração Eucarística, 12, 23, 69
Concílio Vaticano II, 10, 20, 21, 27, 30-32, 34, 36, 38, 42, 47, 51, 55, 75, 79, 84, 93, 95, 96, 99, 104, 113, 115, 118, 120, 124, 126, 127, 140, 165, 168, 174, 179, 182

D

Desiderio Desideravi, 14, 17, 31, 32, 34-36
Documento de Aparecida, 95, 111

E

Eucaristia, 12, 19, 20, 25, 30, 35, 61, 69
Evangelii Gaudium, 13, 18, 19, 45-47, 49, 53, 61, 67, 76, 78, 93, 94, 96, 109, 141, 146, 188

F

Fidei Depositum, 82, 90
Francisco, papa, 9-15, 17-21, 23-25, 27-31, 33-37, 41-53, 55-71, 75-82, 84, 86, 87, 93, 94, 96-105, 107-120, 123, 124, 128, 130, 131, 133, 134, 137, 139-148, 151, 152,

154-156, 158, 160, 162, 163, 165, 166, 171, 174, 177-189

G

Gaudete et Exsultate, 18, 90

H

Homilia, 12, 18, 19, 21, 24, 95, 171

I

Iniciação Cristã de Adultos, 102
Instituto para as Obras de Religião, 187

L

Laudato Si', 151, 152, 156, 162, 171, 178, 188
Lumen Gentium, 33, 45, 48, 95, 110, 118

M

Magnum Principium, 13, 25
Misericórdia, 31, 79, 110, 119, 124, 126-128, 134, 146, 179, 188
Missa, 15-17, 20-23, 36
Movimento Litúrgico, 27, 32

P

Paulo VI, 12, 24, 28, 34, 123, 124, 128, 129, 142, 157, 179, 180

R

Reforma litúrgica, 10-13, 19-22, 24, 25, 27, 28, 30, 32-37
Rito Romano, 26, 30, 34, 35

S

Sacrosanctum Concilium, 18, 21, 27, 33, 34
Sensus Fidei, 41, 44, 48, 51, 112, 113, 118
Sinodalidade, 10, 31, 33, 41, 44, 51, 52, 107-120, 187

T

Teologia da Libertação, 10, 137-141, 144, 145, 147, 165, 166, 170, 171, 180, 189
Teologia do Povo, 10, 15, 137-148
Traditionis Custodes, 31, 34

V

Vaticano II, 10-12, 14, 19-21, 27, 28, 30-38, 42, 45, 47, 51, 52, 55, 56, 75, 79, 83, 84, 89, 93, 95, 96, 99, 104, 110, 112-115, 118, 120, 123-128, 132, 138, 140, 165, 168, 174, 179, 182

Edições Loyola

editoração impressão acabamento
Rua 1822 nº 341 – Ipiranga
04216-000 São Paulo, SP
T 55 11 3385 8500/8501, 2063 4275
www.loyola.com.br